甘载之约，共赴山海

范其伟 主编

中国海洋大学出版社
·青岛·

图书在版编目（CIP）数据

廿载之约，共赴山海／范其伟主编 . —青岛：中国海
洋大学出版社，2023.10

ISBN 978-7-5670-3664-2

Ⅰ . ① 廿… Ⅱ . ① 范… Ⅲ . ① 不发达地区—教育工
作—概况—中国 Ⅳ . ① G527

中国国家版本馆 CIP 数据核字（2023）第 195566 号

书 名	廿载之约，共赴山海	
	NIANZAI ZHIYUE, GONGFU SHANHAI	
出 版 发 行	中国海洋大学出版社	
社 址	青岛市香港东路23号	邮政编码 266071
出 版 人	刘文菁	
网 址	http://pub.ouc.edu.cn	
订 购 电 话	0532-82032573（传真）	
责 任 编 辑	张 华 郝倩倩	
照 排	青岛光合时代传媒有限公司	
印 制	青岛海蓝印刷有限责任公司	
版 次	2023年10月第1版	
印 次	2023年10月第1次印刷	
成 品 尺 寸	170 mm×230 mm	
印 张	15.5	
印 数	1~2600	
字 数	234 千	
定 价	68.00 元	

如发现印装质量问题，请致电13335059885，由印刷厂负责调换。

支教团的故事，始于 20 多年前。2001 年，中国海洋大学首次参加青年志愿者扶贫接力计划全国示范项目，并自 2002 年开始向支教地输送志愿者。20 多年来，学子们的足迹从贵州德江、遵义，到西藏山南、拉萨，再到云南巍山、绿春，共计 22 届 314 名志愿者把各自一年的青春时光奉献给山区深处和雪域高原的孩子们，也收获了自己的成长。

阅读第一部"支教日记"，是 10 多年前。2012 年，记载着中国海洋大学支教团第一个 10 年的《十年支教路，千里山海情》出版前夕，我应邀为该书作序，因此成为先睹为快的读者。阅读那本书时的感动、欣慰和自豪，宛如眼前。转瞬间，又一个十年过去了。现在，这本《廿载之约，共赴山海》的书稿摆到了我的案头，令人感慨万千！20 多年来，志愿者们满怀信念和热忱接力奔向西部，在祖国和人民最需要的地方挥洒汗水，追逐梦想，书写了最美的青春华章。今年 6 月，中国海洋大学研究生支教团被授予 2022 年度"海洋人物"称号，这正是对他们的充分肯定，也为支教团第二个 10 年画上了圆满的句号。

廿载之约，共赴山海。很多志愿者在日记中都提到了《山海》这首歌，在读本书的过程中，我也听了这首歌，边听边读，全然沉浸到一段段带给同学们收获和成长的经历中。志愿者们用真情焐热知识，把温度传递给学生，让大山里的孩子们知道为谁学习和怎样学习。他们在深入基层帮扶村民和开展特色服务项目的过程中，不怕吃苦、乐于吃苦，将社会各界的爱心与关怀融汇到小小的村庄中，用蓝色梦想打开孩子们心灵的窗户，越来越多孩子们眼中映现出"蓝色的海洋"……星火成炬，点亮了青春接力二十载的山海情长。

20年有关青春的抉择。支教团志愿者在服务奉献中怀抱梦想，脚踏实地，收获成长。10年前，路越同学说"用一年的时间，做一件终生难忘的事"，令我难以忘怀。10年后，"支教一年，自教一生"这句话在日记中多次被提及，同样令人难忘，令人感到欣慰！王玉学同学感慨"年纪轻轻就成了一群有故事的人"让人羡慕；王潇潇同学感叹"我不是在最好的时光遇见了你们，而是遇见了你们，我才有了这段最好的时光"，则表达了一届届志愿者们真实的收获。这样纯粹的"故事"和"最好的时光"是对青春最美的注脚。他们用青春的无悔抉择回应时代召唤，用踏实的点滴付出践行人生理想，生动地注解了支教不仅仅是帮助和奉献，更多的是收获和成长。

20年有关梦想的坚守。支教团志愿者抵达的不只是千里之外的远方，更是内心最初的地方。他们不仅立足教学，认真做好本职工作，而且积极拓宽支教内涵，传承和发展了海洋科普、多彩课堂、推普宣传等一系列品牌活动，用青春的火炬点亮山里娃的梦想。刘晓瑜同学说："世上没有远方，有爱便是故乡。"陈昌昀同学则写道："支教不是一届人的任务，而是一届届支教团肩负的使命，这里面有传承也有发展。"从这些发自肺腑的语句中我们看到，支教的那个山村、那座小镇，早已成为志愿者们无论多久都心心念念的故乡，因为这里承载着他们的青春梦想，有他们最牵挂的人和事。

20年有关价值的实现。支教团志愿者扎根基层汲取力量，躬耕实践获取真知。李馥孜同学在拉萨开展"当日光城遇上海洋"大型海洋宣传公益活动，并通过网络众筹帮助孩子们实现"海洋之旅"青岛游学活动，实现了跨越山海的双向奔赴。胡永春同学则为自己所服务的贵州省德江县在 2020 年初"脱贫摘帽"而激动不已。第一个 10 年间泥泞的山间小路，现在已经是曲折蜿蜒地在山中延伸的柏油路。一届届支教团志愿者们接续奋斗，在无私奉献当地教育发展和脱贫攻坚的实践中实现了自身价值。正如习近平总书记指出的："只有把自己的小我融入祖国的大我、人民的大我之中，与时代同步伐、与人民共命运，才能更好实现人生价值、升华人生境界。"

青春无问西东，岁月自成芳华。在本书出版之际，我向在大山深处和雪域高原留下青春足迹的支教团志愿者们表示崇高敬意，并祝愿中国海洋大学研究生支教团在新的 10 年里书写更加精彩的青春华章，延续这份弥足珍贵的山海情。

于志刚

2023 年 9 月

目录
Contents

初来乍到　支教初体验

点滴关爱　情系扶贫

初来乍到

一 支教初体验 一

到底谁才是真正的老师?

曲南竹

曲南竹,辽宁鞍山人,中国海洋大学第 17 届研究生支教团成员,2018 年 8 月至 2019 年 7 月服务于西藏自治区拉萨市西藏职业技术学院。

"2000、3000、3500……看着电子地图上逐渐变大的海拔数值,我意识到我即将踏上西藏这片热土,心情很复杂,有不安,有忐忑,但更多的是期待,期待着未知的生活,期待这一年无悔的青春,期待属于我的第一堂课。未来美好,值得等待!" 2018 年 7 月底,我坐在开往拉萨的火车上为自己写下了这一段话。时至今日,在手机上翻看西藏那如画般湛蓝的天空,那壮美的布达拉宫,回味着支教一年里的点滴,我心中不禁产生了一个疑惑——支教一程,到底谁才是真正的老师?

我,是一名支教老师

2018 年 8 月初,我第一次来到了支教的学校——位于西藏自治区拉萨市的西藏职业技术学院。踏入校园时,我震惊了!支教前,在我的想象中这里的硬件设施比较落后,眼前的一切却让我难以置信:现代化教学楼、多媒体投影仪、物化生实验室、机房、塑胶跑道等一应俱全。趋于完备的硬件设施让我开始重新思考支教的意义:扶贫更要"扶智",支教更是"支心"。除了帮助学生提升学业水平、掌握专业知识技能、成为现代化建设人才以外,我们更应该给学生带来与教学设备一样先进的思想和积极上进的心,给学生一片家乡之外的广阔天空。

与学生们在一起   教师节收到的鲜花

　　西藏职业技术学院是一所高职院校，大部分学生是藏民。2018年9月初，刚开始上课的几天，我几乎每天工作到凌晨3点左右，一遍遍地检查自己准备的教学资料与教案，设想教学的每一个环节，思考创设怎样的游戏才能让学生快速地理解问题……就这样，我几乎每天都顶着一双黑眼圈站到讲台上，但当看到同学们眯着眼睛，露出大大的笑脸，热情地喊着"老师好"的时候，所有的疲惫与困倦都烟消云散。

　　某天课程结束，正打算离开教室的我突然被学生叫住，紧接着大家像变魔术一样从角落里拿出一束花送到了我的手里，一个学生红着脸用有点不熟练的普通话说道："老师，我们知道你是来支教的，谢谢你能来这里，这是你的第一个教师节，教师节快乐！"说完，还没等我回话便害羞地跑开了，只剩我一个人小心地捧着那束花站在那里。我突然发现，这天也是属于我的节日，我是一名支教老师！我是一名人民教师！

你，是一名真正的师者

　　"师者，所以传道受业解惑也。"初为人师的我深感教书育人的不易，一个个令人头痛的问题也接踵而至。面对和我年龄相差不大的学生，我更像是一名大姐姐，我懂得他们的逆反心理与对自由的向往，可面对学生的违规违纪，除了劝诫和严厉呵斥，我不知该如何应对……正当我一筹莫展的时候，我发现了你、你、还有你……

细雨蒙蒙的周末清晨，因为有不少迎新工作，我决定到办公室加班。教学楼里分外安静，当我推开办公室大门时，我惊讶地发现了你。你趴在办公桌上浅浅地睡着，清晨的阳光悄悄地落在你的发丝上，散发着金黄色的光泽。我小心地走到你的身边，看到电脑上"关于××同学的住院情况描述"，我知道，你熬了一夜。正纠结是否要叫醒你时，你努力睁开眼，睡眼惺忪地看了一下时间，匆忙地和我打了一声招呼后，便立刻拿起手机焦急地给医院打了一个电话。看到你长舒一口气，我知道一切安好。挂了电话我们寒暄了几句后，你激动地和我说："幸好没事，忙活完这帮孩子的事，也该回去给家里的小朋友做饭了！"说罢，你起身收拾东西和我道别。

宽敞明亮的办公室内，堆满了五颜六色的文件盒，我在书桌的背后发现了席地而坐的又一个你，耳朵上夹着一支笔，埋头在各式各样的文件中不停地翻看，不时停下来紧皱眉头，仿佛思考着什么，全然没有发现我在你的旁边。

默默付出的你，兢兢业业的你，还有一丝不苟的你……你们的身影在我的脑海中交叠，我不禁感叹：到底是一种怎样的热爱，才会让你们为了这样一群毫无血缘关系的学生彻夜奔波？你们的付出让我懂得了所有学生都是需要被保护的孩子，而教育的关键就是责任与热爱。

在操场团建

学生，是我的心灵导师

支教的生活并不仅仅局限于一间教室、三尺讲台。学跳锅庄舞、捏糌粑、喝酥油茶、说几句刚学会的藏语，生活充满了欢声笑语。相处之后我渐渐发现，学生如同一张张未经渲染的白纸，眉眼间总有晴朗的天和清爽的风，眼神里总是藏不住对万事万物的好奇。

一起参加趣味运动会

2019年6月，我在西藏的支教工作进入了倒计时，我不断思考在离开之前我还能再做点什么。作为一名青年志愿者，我希望能够身体力行地将奉献的精神传递给学生，希望他们将这份爱继续传递下去，所以我选择带领学生做一件有意义的事——"走进特殊教育学校，关爱特殊儿童"。经过一系列的申请与审核，我终于带着他们出发了。路上，他们开心地放声高歌，而我默默打开自己写下的《组织学生外出活动的重点注意事项》，眉头紧蹙，反复阅读。

到了目的地后，当我正准备举起自己的"小蜜蜂"大展身手时，我惊讶地发现，这帮聒噪的学生突然严肃起来。他们自发地"一对一"结对帮助特殊儿童，或洗漱衣物，或打扫卫生，或喧闹玩耍……特殊儿童们的语言、听力或视力问题没有对学生与他们之间的沟通造成丝毫的阻碍，学生们板着严肃的脸、拍拍胸脯、手脚并用地向特殊儿童们表达着"要坚强、要照顾好自己，不要养成不好的坏习惯……"的嘱咐。特殊儿童们仰着头、侧着耳、瞪着大大的眼睛仔细地听着、看着，欢快地笑着……临别前，特殊儿童们不舍地为我们送行，我们站在校门口，直到最后一个儿童的身影消失才踏上返程的路。回程的路上，所有人都变得很安静，可能是累了，也可能是舍不得。一个平时最调皮的学生跑到我的旁边给我塞了一张纸条："老师，你说的每一句话，做的每一件事，我们都会记得！"那一刻，即将离别的愁绪涌上心头，我的眼眶湿润起来。

　　学生的纯洁眼神可以净化心灵。其实，我们总把简单的事情想得太复杂，我们总想着如何准备完备，如何让一切事物都尽在掌握之中，但你不经意间的一举一动、一言一行都会对学生产生影响。面对这些稚嫩可爱的小花蕾，我们浇灌什么样的水，就会绽放出什么样的花。如果我们用爱、用真诚、用细致去灌溉每一朵或高、或矮、或平凡、或独特的花蕾，花蕾自然会变得美好。我希望这些学生无论走到哪里，都是一朵有着真心、爱心和感恩的心的花。

班级成员合影

一年后，上下班的交通问题，学生的调皮捣蛋，经常停水停电的教学楼……这些常常令我困扰的问题已经变成回忆。我在这里有过欢笑，洒过泪水，受过委屈，体会到了人生的不同滋味，体会到了为人师的不易和生命的强大力量。我始终觉得自己是幸运的，正是这些经历塑造了现在无比快乐的我，而在西藏的日子成为我一生值得骄傲的回忆。

白日不到处，青春恰自来

范庆春

范庆春，山东潍坊人，中国海洋大学第17届研究生支教团成员，2018年8月至2019年7月服务于贵州省铜仁市德江县煎茶中学。

甘载之约，共赴山海

一座小镇，一捧书香。

一群可爱的学生，一生怀念的美好时光。

记得初到时是晚上，客车将我们放在德江南收费站，等待学校的老师来接我们。到达学校时第一眼看到的便是红色灯管映出的"煎茶中学"四个大字，奇怪的是心中竟没有丝毫的惶恐和陌生感，而是一种很踏实的感觉。我的心中夹杂着一丝激动与欣喜，暗暗告诉自己接下来是无比特别的一年。

第一次给学生上课还是有一些紧张的，怕不能照顾到每个人，又怕不能把知识点讲清楚，最怕的是学生不喜欢我。可是当我踏进教室、站上讲台的那一刻，看见学生一双双充满期待的大眼睛以及一张张挂着微笑的脸庞，我一下就放松了，我知道自己的担心都是多余的。我和学生很快就熟络起来，尽管有些学生只会说方言，我可能听不懂他们具体说的是什么，但我能清楚地感受到他们的热情，我想，接下来一定是美好的一年 。

在教学方面，我主要负责七年级两个班的英语，会有早读、正课以及晚自习，我很享受清晨在《爱如海大》的歌声中起床，去食堂吃上一碗热乎乎的米线，然后在学生嘹亮的读单词声中开启一天的美好时光。备课、上课、留作业、批作业、考试、讲解，在日复一日的重复中，变化的是学生的成长。

帮学生办生日会

　　我还负责一部分困难生的资助工作，包括初期的困难生筛选、负责帮他们联系合适的资助人，确定资助形式及金额，每月的资助款发放以及学生的反馈。这份工作虽然烦琐但让人感到十分满足，因为看到有困难的学生能得到帮助而安心学习，是十分幸福的事。

　　除了日常的上课，我们还给留守儿童办了生日会，帮助这些父母不在身边的学生找到家的感觉。在周末，有一些学生通过 QQ 找我闲聊或者问问题，我会积极地给他们回应并邀请他们来学校找我玩。在五四青年节文艺汇演时，我们还帮学生排练节目；平时的活动时间，我与他们一起打乒乓球。在课下他们都叫我"老范"，这是我最开心的一件事。

　　不知道现在学生们是否还像刚进入初中时那般调皮，初为人师的我在面对他们时会有一些恨铁不成钢的执拗，但我也理解稚嫩的他们不过是有点疑惑学习的意义。一年时光，教会书本上的知识固然重要，但引导他们变得积极向上、充满正气才是我的初衷。

当地人十分热情，见了我们都会主动打招呼，因为已经有十几届支教团去过了，所以他们亲切地称呼我们为"青岛老师"。我十分感谢杨胜强老师对我们的照顾，他每年都会无私地帮助我们支教团的人，我们亲切地称他为"杨爸"。平时每隔一段时间他都会邀请我们去家里吃饭，最后还带我们见识了石阡大温泉。我们体验了许多当地特色美食，比如各种粉、小豆腐烧烤、丝娃娃、折耳根、猪脚火锅。

这是一年独特的体验，我深刻地体会到什么叫"八山一水一分田"，什么叫"天无三日晴，地无三里平"。每周少有的太阳出来的时候，我们会欣喜地把被褥抱上天台，然后一起去爬山，随意拐进一条小路便是一处远胜都市的好风景。曾经不辨东西的懵懂渐渐被熟悉感所覆盖，临走之时我已经能够清楚地说出这里的每一处地名以及道路。

就像我走之前跟学生说的，我不仅仅是他们一年的老师，更是一生的朋友，我们相约在他们毕业时再会。愿他们热爱生命的春天，珍惜时间，在这短暂的学习时光里，收获知识，培养顽强的意志、博大的胸怀，最终成长为自己的太阳，独立而自强。

可爱的学生们

选择一种不一样的人生
——我来讲，我们的故事

王玉学

王玉学，山东潍坊人，中国海洋大学第 17 届研究生支教团成员，2018 年 8 月至 2019 年 7 月服务于贵州省遵义市播州区乌江中学。

　　我是王玉学，中国海洋大学工程学院 2018 届机械设计制造及其自动化专业的本科毕业生，几个月后我将是一名工程学院机械工程专业的研一新生，而现在，我是一名在大山深处耕耘三尺讲台的支教老师。

　　2018 年 7 月 19 日 23 点，我跨越两千多公里到达贵州，正式开始了为期一年的支教生活。

　　2018 年 8 月 23 日 10 点，我在志愿者的陪伴下到达播州区乌江中学。

2018年7月19日　　　　2018年7月23日　　　　2018年8月23日

播州区团委

贵阳　　　　乌江中学

支教日程

写这段文字是在我支教生活的第 295 天，也是我到乌江中学的第 260 天。不知不觉间一年的支教生活马上就要结束了，不知道该怎样用文字来表达过去的种种感受，或许，当自己的经历慢慢地变成回忆，曾经失意、开心、挫败、幸福的种种，便都成了一个个美好的篇章。记得出征仪式上有人说："真羡慕你们呀，年纪轻轻就成了一群有故事的人！"而今天，我想做一个讲故事的人，来讲一下我和我们的故事。

我和常见常新的乌江中学

有人将支教生活总结为"三苦三乐"。所谓"三苦"，即生活的艰苦、对家的思念之苦、心有余而力不足的困苦。但是，在支教生活中获得的快乐却是更高层次的快乐，那就是被尊重的快乐、被需要的快乐、被关心的快乐。

关于乌江中学，我的第一印象仅停留在它是一所建在山顶的乡村中学，当然，这一印象在这短暂的一年中发生了巨大的改变。初到乌江中学，你会发现原来西部真的不是那么好适应的：贵州人的饮食习惯是无辣不欢的，所以单是饮食这一关就难倒了我这个"山东大汉"，加上狭窄潮湿的宿舍环境、数不清的奇怪蚊虫、经常一周七天连阴雨的天气，生活着实不易。其次，虽然我从高中便开始住校，但是当一个人背起行囊来到几千里外的大山深处，想家依旧是个永不过期的话题，有时候即使再无微不至的关怀也比不上妈妈的一顿晚餐。最重要的一点，大学毕业后带着自己的理想与情怀来到西部，在经历了千难万险之后，猛然间发现现实似乎没有丝毫的改变，深深的无力感会迅速地包围彼时满满负能量的你，你会感受到真正的绝望不是失败，而是没有成功的希望。

听我讲完，或许你会感觉我对乌江中学充满不好的感受，但事实正好相反，当学生用期待的眼神望着你写下一个个公式，当你走在校园中听到一声声"老师好"，当你感冒生病时学生一遍遍地问你有没有吃药，当有一天他们可以走出大山、看见外面的世界时，你会发现乌江中学这所拥有 50 多年历史的乡村中学更像是一位青年人，常见常新，总会带给你不一样的惊喜。

乌江中学日常

　　我和常见常新的乌江中学偶然相遇、必然离别，我的青春与这里血肉相连。

我和文武双全的队友们

　　一年的支教时光，从另一个角度来讲更像是一群人的青春旅程。说到我的队友们，一年的时间足够我们积累"互黑"的笑料。周末，食堂没有饭菜，我们便自己做饭。看着浓烟滚滚的铁锅，才觉得白粥也挺好喝。之后，白粥、黑米粥、薏仁米粥、红枣枸杞粥、银耳粥……能够想象到的粥我们都进行了尝试，毕竟这是最简单的可以填饱肚子的方式。当然，这也只是我们生活的一个小片段，还有凌晨一两点钟的办公室里，大家依旧在紧张地备课；重大志愿服务活动时，他们自信潇洒地解说；文艺汇演的台下你会看到我们跑前跑后；才艺比赛的舞台上，我们强忍紧张的僵硬笑脸……如果非要用一个词形容我的队友们，"文武双全"

与支教队员在一起

是再合适不过的。感谢这种种的经历，感谢我们一起经历的这些酸甜苦辣的日子。

其实对我而言，参加研究生支教团是一次充满考验的愉快经历。在年轻的时候，有机会在这神奇美丽的地方工作、生活一段时间，本身就是一件幸事；而和志同道合的人一起奋斗，进而成为一辈子的朋友，岂不更是人生一大乐事！

我和这群可爱可"恨"的学生

只有真正走上讲台，才能深深地体会到老师是个走心的工作。因为你每时每刻都要有足够的耐心和充沛的精力，以应对他们各种奇怪的问题。

有时候他们会问你宇宙大爆炸是怎样产生了我们这个物质世界，有时候他们又会跟你讨论灭霸的战斗力到底有多强；前一秒他们还在为浮力的产生原因冥思苦想，后一秒可能他们的想法又飞到了食堂阿姨是否会多打一块红烧肉。当然，课堂上交头接耳、互传纸条也是他们的家常便饭，他们古灵精怪，带给你开心的同时，也能让你立刻火冒三丈。

你会渐渐找到作为老师的快乐和成就感。那种快乐是当你一笔一画地在黑板上写字时，学生望着黑板时渴望的眼神；成就感则在作业本上一个又一个的"对勾"中。渐渐地，我明白了，支教的意义不仅是教给学生知识，更重要的是带给他们积极的人生态度，让他们勇于做梦，勇敢成长。

写在最后的话

时光不停，故事不断，我们的故事也一直在继续。

青年，归根结底要追求自己喜欢的事业，要寻求尊重和认同。我们从相似的故事里看到自己曾经的热情与真挚，愿每一个青年都能保持初心。

和学生在一起

支教小事

刘重阳

刘重阳，山东临沂人，中国海洋大学第14届研究生支教团成员，2015年8月至2016年7月服务于云南大理州巍山县文华中学。

2015年7月29日，星期三。

刚来大理，因为人生地不熟，我们五个队友大多一起行动。有天晚上，我没跟其他人一起，在古城里吃完饭正往家走，没带伞却又突然下起小雨来。路口有个小摊，一个老奶奶在卖烤鸡蛋、烤饵块，也没什么遮雨的工具，鸡蛋和饵块就那么被雨淋着。小摊旁边围了四五个人，看样子大概是这古城里的居民，一边捡起烤好的鸡蛋捧在手心里鼓着嘴吹着，一边用我听不懂的方言细声聊着天，丝毫没有回家躲雨的意思，仿佛这是一个只有凉风和月色的夜晚。

本来肚子已经很饱的我，抵挡不住诱惑，买了一个烤鸡蛋、一个饵块，学着他们当地人的样子，盘腿坐在路边吃了起来。巍山的烤鸡蛋，是在鸡蛋外面包上厚厚的几层纸，放在火炭上烤。这样烤出来的鸡蛋特别嫩，蛋清入口即化，蛋黄还微微流着汁。饵块里夹上半根刚出锅的油条、一根火腿肠，再加一点小菜，抹上当地人自制的香辣酱。那天晚上我就坐在细雨里，屋檐上滴下来的水不时地在头顶撞一下，等着雨停又盼着雨别停，在不知不觉中就吃完了这份额外的宵夜。那种味道是很难形容出来的，混杂着南方夏天潮湿的气息、巍山难懂的方言、在雨里挣扎的火苗、穿入袖口的凉风以及突如其来想在这里终老的冲动，就像汪曾祺吃过的咸鸭蛋、王鲁彦吃过的杨梅、林海音吃过的麻婆豆腐，化成了那种所谓的"永恒的味道"。

2015年8月9日，星期日。

这天是彝族火把节，上午一直是晴天，下午3点左右又下起雨来，一直期待的长街宴没有吃成，转移到了一个室内的餐馆。当地的村民和外地来的游客黑压压坐满了一片，十二三岁的男孩子们都穿上了漂亮的彝族服饰。阿姨和奶奶们盛装打扮，端着酒杯唱歌并到每桌敬酒。她们到每桌唱的歌曲都不一样，声音清脆嘹亮，每唱完一曲都要娇羞地捂嘴偷笑几声，然后走向下一桌，酒杯里的酒却是一口都不喝的。这种当地人自酿的苞谷酒，听说有50多度，味道辛辣。晚上焰火表演过后，便要点起十几米高的大火把。火把上绑着各种各样的果子，还有写着祝福的红纸。两三个穿着黑袍、戴着斗笠的老人，哼着诡异的歌，摇摇晃晃地点燃火把上垂下来的鞭炮，鞭炮响尽，火把便着了。当地人围着火把唱歌跳舞，还有人不顾掉落下来的火星，去火把下捡掉落的果子。古城里更热闹，狭窄的巷子里，隔几米就有一堆篝火。古城里的住户都一手举着火把，一手提一袋松香，有人经过时，就将火把对着他们并撒上一把松香，火花瞬间四溅却不会伤人，只觉得暖和。据说被火星烧过的人，以后的日子就会顺顺利利、平安喜乐。站在其中，你可以感受到这种质朴是极其纯粹的，他们对生活的热爱、对未来的祈祷都是真诚的。巍山当地人常说的一句话就是"样样好"，这大概是最朴实又最真挚的希望了吧。那晚我从古城"蹚"着一片"火海"走回家，身边一束束燃着的火把被高高地举着，照亮头顶像翅膀一样的砖瓦屋檐，恍惚中好像城市里的霓虹灯。

2016年4月20日，星期三。

班上有个一点英语基础都没有，把"A""B""C""D"读成"啊""波""次""德"的男生，今天提问他单词，他站起来说："老师，我以前没学过英语，还得再练习几遍才能记住。"今天晚自习他把今天学的几个单词抄了整整五张纸，每一个都抄了快一百遍，一边抄一边小声嘟囔，眼睛一秒也没有离开过书。我走过去发现，他的课本上全是用汉字记的读音。休息的时候他去办公室找我，说："老师，我把今天你提问我时我不会的那几个单词学会了，我读读你听对不对。"

突然觉得无比珍惜这颗认真的心，这可能也是我在这里最重要的意义。

2016 年 6 月 29 日，星期三。

一年的支教时光匆匆，转眼快要结束。这一年来，我们五位支教老师认真负责地对待每一节课，吃饭时候的话题除了学生就是课堂，有时候说到不听话、不努力的学生也会气得吃不下饭。有的队友教十几个班，作业一收就是七八百份，好不容易有个周末，吃了早饭就去办公室批，晚上再回来。我们来这里以后，每个月都会病倒几个人，但该上的课一节都不会耽误。没有谁把这份工作当儿戏，我们都清楚自己在做什么、要做什么、该怎么做。

可即使这样，我们很可能也改变不了太多。今天晚自习值班，一个男生开心地对我说："老师，告诉你个好消息，我爸给我找好打工的地方了，我下学期就不用上学了。"说这话的时候他满脸兴奋，由衷地开心。我一时间也不知道该如何应答。我有什么证据证明这并不是一件值得高兴的事情呢？有时候，我常常有种无力感，懊恼于自己力量的渺小。"努力比结果重要"这句话，往往带不来什么安慰。如果我们最后没有能够让这些学生全部考上大学，走向外面的美丽新世界，希望能够得到理解，而不是因此而否定支教的意义。

以上几篇日记大多摘自当年的微信朋友圈，时隔七八年再回首，这些零碎的小事依旧能够拼凑出一份完整的记忆。如今，当年所教的学生有些已经工作，更多的则顺利步入大学；有的学生与我逢年过节还会相互问候，更多的则失去了联络。我常常惭愧当年的自己尚不成熟，没能给他们更多有效的帮助，或许他们带给我的影响更加深远些吧。

巍山是我的第二故乡，可自从 2016 年夏天离开后竟再也没回去过。期待与那里的清澈的天空、俊秀的高山、成片的油菜花田和可爱的人们再相会。

支教心语
——三春三月忆黔乡

徐文锋

徐文锋，山东青岛人，中国海洋大学第17届研究生支教团成员，2018年8月至2019年7月服务于贵州省遵义市播州区乌江中学。

2022年的春天悄然而至，看着窗外明媚的阳光和有些萧瑟的春风，思绪不禁又飘到了另一个熟悉的地方，现在那里应该还是会经常细雨蒙蒙吧，现在那里应该早就红情绿意了吧，现在那里应该还是青山绿水、一片澄澈吧。现在的我，真的很想念那里，想念那个我欢笑过、奋斗过，留恋的、不舍的地方——乌江中学。每每想起那段生活，我心中似有千言万语，可到嘴边却只变成了一个词：想念！离开乌江中学后，阴雨连绵的天气和令人上头的折耳根、糟辣椒，恍惚间都会让我觉得自己仍在贵州，仍在那个山顶上的乌江中学里和学生斗智斗勇。在家里，看到正在上初中的妹妹，我忍不住回想起乌江中学的学生，想起他们质朴纯真的笑脸。翻开手机相册中的照片，我的脑海中也会重放那段故事……

相遇，相识，相学习

2018年7月19日，带着满腔的热忱，我们启程了。隔着飞机舷窗，青岛的璀璨灯火离我们越来越远，2000千米，1000千米，500千米，降落！就这样，我踏上了贵州这片热土。

初到贵州，我们先在播州区团委做志愿者。那段时间，每次聊天，我和其他支教队员都会有一个永恒不变的话题：学校到底是什么样子啊？终于，一个月后，我们与乌江中学正式见面了。

还记得刚抵达乌江中学时，天很蓝，包校长和肖校长的热情接待，让初到陌生地方的我们感到十分温暖。就这样，我们的支教生活开始了。在这里，我最先担任七年级和八年级的信息技术课程教学工作。我永远忘不了第一次上课的那天，我十分紧张，但是当我踏进教室，看到学生绽放的笑脸，听到他们大声地喊着"老师好"，我的顾虑打消了。第一周愉快地上完课后，我无比开心，甚至想象到了日后这帮学生坐在电脑前认真上课的样子。然而，渐渐地我发现了问题，七年级的学生刚刚接触这门课，充满了好奇，但是他们也会因为对电脑的陌生而产生畏惧心理，害怕弄坏电脑，甚至害怕上课。而八年级的学生，虽然有过一年的学习基础，但是他们早已将初一的知识忘得一干二净，只能从头开始。而且八年级的课程难度加大，flash 动画的制作学习让他们如坠烟雾，完全摸不着头脑。一节课过去，他们的动画制作还停留于寻找关键帧。因此，有的学生开始上网玩游戏，哪怕我使用了课堂管理系统，他们依然可以找到办法脱离控制。还有一部分学生的注意力开始不集中，过不了几分钟就要维持一下纪律，这让我筋疲力尽，起初的耐心被消磨了一大半。于是我采取了很多简单粗暴的方式。比如，一旦发现玩游戏就停机 10 分钟。这样的方法的确奏效了一段时间，但学生在课堂上却越来越不活跃了，我害怕他们会失去对信息技术这门课程的兴趣，我开始另辟蹊径。我告诉七年级的学生，老师很厉害，修电脑不在话下，所以放心大胆地去操作电脑吧。一开始他们还是很羞怯，但他们最终还是放开了手脚。八年级学生的问题主要出在兴趣上，所以我开始四处搜罗他们感兴趣的小动画，给他们分析里面的动画制作要点，让他们能够产生兴趣。我承诺他们，只要能够完成我布置的小作业，就可以自由支配电脑。当我终于在下课前收到第一个动画作品时，我知道这种方法奏效了。寓教于乐，寓学于乐，信息技术每个周只有一节课，我希望学生能快乐地收获一些知识，而不仅仅是把信息技术当作主科之外的放松课。

八年级 2 班是一个和我有着迷之缘分的班级。我带领的"水韵生声"广播站的成员们大多是这个班的，第一次有学生在信息技术课上摆脱课堂管理系统"制裁"的惊人操作也发生在这个班。由于学校两位英语教师休产假，我负责的课程在原有基础上，又增加了英语学科，而我要接手的就是这个班。英语一直是他们的弱科，这个班的学生又大多是男孩儿，偏好理科，英语学习兴趣不高。每次听写的成绩都让我十分头疼，即使是一个小小的课堂提问，鸦雀无声的课堂氛围也让我心累。印象最深刻的一次是，在他们连续多日作业完成得不理想、上课总是睡觉、测试也做得一塌糊涂的一系列表现的刺激下，我在课堂上大发雷霆。然而让我没想到的是，晚自习时，平日里最调皮的几个学生默默地走进了办公室向我道歉，班长和英语课代表还交给了我好几封道歉信。看着他们充满歉意的眼神，我又有些后悔和难过，担心我的暴脾气会不会给他们带来伤害。"教书不难，教育不易。"其实他们这个年纪，淘气爱玩是正常的，作为老师，除了教好书，积极引导他们养成良好的品质和习惯是更重要的责任。"支教一年，自教一生"不仅仅是一句口号，而是发自内心的感受，是真真切切的成长。

相知，相助，相成长

课堂之外的生活同样愉快。课下，学生好像都没有把我当成老师，而是当作他们的朋友。他们会在吃饭时围到我身边一起吃，会在我散步的时候凑过来一起走，会把自己的小零食塞到我和其他支教队员的手里，说声"老师再见"就跑开。

与学生一起参加活动

私下里他们会向我请教学习和生活中遇到的问题，分享他们的小秘密。

在乌江中学，我们遇见了可爱的学生和热情的老师们，给我们留下了一段段难忘的回忆。每次遇到学生，他们总会甜甜地同我们打招呼；每次遇到本地老师，他们总会关切询问我们的生活和工作情况，末了总是那句："有什么问题或困难尽管来找我们嘞，不要客气嘛！"隔水青山似故乡，我们仿佛原本就是一家人，虽然以前不曾见过，却有着说不出的亲切和熟悉。

不知不觉间教案厚了，学生的作业本已经更换了几次，学生从短袖变成了厚厚的棉衣又换回了单衣，而我也已经把最后一次听写批改好了……来不及回忆在一起的快乐，匆匆忙碌间却好像已经嗅到了离别的滋味。我看到学生找出自己最好看的笔记本，撕下最漂亮的一页，写上最美好的祝福送给我；看到平时活泼俏皮的他们顶着哭红的眼睛，默默地走进办公室，问我们："老师，你可以不走吗？我真的很舍不得你。"你们就像我的弟弟妹妹一样，真舍不得离开你们。

使人成熟的，并不是岁月，而是经历。初见时，觉得一年时间好长，有365个日夜；离别时，却又觉得一年时间好短，只有春夏秋冬。感恩这一年所有的遇见，我会铭记这最珍贵、最特别的记忆，铭记我们一同走过的春夏秋冬！

支教感想

曹文梦

曹文梦，山东烟台人，中国海洋大学第 18 届研究生支教团成员，2019 年 8 月至 2020 年 7 月服务于云南省大理州巍山县文华中学。

　　这段故事很漫长，漫长到几天几夜也诉说不完我们在这座古城里发生的点点滴滴；这段故事也很短暂，短暂到我还没做好准备，就已经挥手说再见了。想了很久，该如何下笔去回忆这段故事，心里有很多话想说，有许多情感想表达，却在真正要写在纸上时，显得些许苍白和无力。一切还是回到故事的起点，从 2019 年的夏天说起吧。

　　还记得那一天是 2019 年 8 月 27 日，星期一，上午第一节课。我早早来到办公室，准备好上课用的资料，反复熟悉课堂内容，生怕第一堂课就出了差错。上课时间到了，我拿着早已烂熟于心的讲义走向教室。我在教室门口深深吸了一口气，在学生好奇的目光中站上讲台，拿出讲义，打开电脑，黑板板书，讲授新课……一切那么流畅，其实我内心还是紧张的。我担心学生听不懂我讲的内容，也担心他们不和我互动。幸运的是，我从他们的眼神中看到了对新老师的期待，也从他们的点头中感受到了他们对我第一堂课的认可。后来，课间休息的时候，学生对我说："曹老师，刚开始的时候我们觉得你很严厉，后来才发现并不是这样。"是啊，我也是第一次做老师，第一次与学生相处，那时候的我如果能预知未来无数个令人头疼的瞬间，应该会更加严厉点吧。"说话的同学安静一下，认真听课！""好了，别说话了，赶紧做练习题。"……也幸好我没有那样严厉，学生才会把我当作好朋友，无话不说。"老师，今天晚自习看电影吧！""老师，你们那边的特产有什么？""老师，你玩游戏吗？"……

初为人师，是老师，亦是学生。这一年，表面上看是我在教他们，但其实他们教会我的更多。是他们让我明白了尊重的重要性。刚开始的时候，为了让他们学好物理，我把自己定位为严厉的老师，总是从我的角度来要求他们，用说教的方式与他们沟通。后来，我慢慢发现，我好像忽略了他们的想法，也忘记去问他们愿不愿意。其实，不管是家长与孩子之间，还是老师与学生之间，或者是朋友与朋友之间，最重要的都是要互相尊重、平等交流，这样才可以良好地沟通。所以，我开始转变与学生相处的方式，从他们的角度去理解，设身处地为他们着想，也鼓励他们把我当作大姐姐，不论是学习还是生活中的烦心事都可以向我倾诉。慢慢地，我看到了他们的变化，他们开始在课堂上举手问问题了，有的学生会在课间休息的时候拿着练习题到办公室找我，也有非常文静的学生主动找我倾诉学习上的苦恼，甚至有的学生和同学吵架了也找我诉诉苦、评评理……他们的主动对我来说是莫大的鼓励，作为一名老师，教出好成绩是一件快乐的事，而走进学生的内心是一件幸福的事。就这样，我与学生在互相磨合、互相需要的过程中度

课下为学生答疑

过了这漫长又短暂的一年，在陪伴他们成长的过程中，我也完成了自己的工作。做学生的时候，我们似乎从未从老师的角度思考，觉得做老师是件容易事儿，备课、上课、改作业……但当我真正走上那三尺讲台，我深深体会到做一名好老师真的不容易。教育是一门艺术，是一门大学问。虽然我的教师生涯结束了，但是这份脚踏实地、奔赴山海的热情会永远鼓励着我迎接未来的每一个挑战。

毕业典礼那天，学生对我说："曹老师，这一年你做得很好，以后有机会我们还想做你的学生。"到现在，每次想起这句话，我都会热泪盈眶。这是我这听到的最有力量的鼓励，不管未来有多么漫长，我都会永远记住这句话，继续前行。

温暖的记忆

为爱而行，受教一生

刘晓瑜

刘晓瑜，山东济南人，中国海洋大学第 20 届研究生支教团团长、遵义服务队队长，2021 年 8 月至 2022 年 7 月服务于贵州省遵义市播州区乌江中学。

甘载之约，共赴山海

2021 年 7 月 21 日，我跨越千里来到了多彩的贵州大地。我曾以为这一年会很漫长，有足够的时间去探索、去改变，却不想一年时光匆匆流过，仿佛我刚刚踏上高低曲折的山路，望见一个个新奇的小脑袋，尝着辛辣美味的食物，就已经要和这片土地上的人挥手再见了。"脚下沾有多少泥土，心中就沉淀多少真情。"那时的我似乎并未发觉，这片温暖的土地，竟会成为我生命中难以忘怀的牵挂。

2021 年 8 月 13 日，我第一次踏入乌江中学的校门，正式成为一名支教老师。乌江中学是一所县属农村初级中学，在乌江畔的山顶处，我们五位支教老师就住在了名副其实的江景房中。开学前的一天傍晚，我站在宿舍的平台上，眺望着远处曲折蜿蜒的盘山公路，对于从小在平原地区长大的我来说，在这条路上坐车已经达到会晕车的程度。看着这条艰难的上学路，想到那群未曾谋面的学生颠簸一路来学习，承受着比城市学生更多的辛苦，我暗下决心一定要做好支教工作。

第一天上课，我故作镇定地想树立起"严肃"的人设，经过教室走廊时，窗户里是一个个探头探脑的学生，好奇地看着我。"同学们好！我是你们的地理老师刘晓瑜，很高兴见到大家！"话音刚落，竟然响起了掌声，学生的脸上写着激动，我也感受到了他们的热情，沉甸甸的心也放松下来。我后来了解到，学生对支教老师特别喜爱，这些七年级学生中，有些人的哥哥姐姐也被支教老师教过，他们说支教老师亲切、负责，是可以交心的朋友。中国海洋大学在乌江中学支教已有12个年头，当地村民听到我们说普通话时，也会热情地说："你们是中国海洋大学来的老师吧，你们年年都在我们这里教书，都晓得你们。"镇上的饭馆老板听到我们是支教老师，也会热情地给我们打折，并且少放些辣椒。乌江中学当地的老师们见到我们也很亲切，与我们交流教学经验，讨论生活习惯，主动帮我们带快递，帮我们修电路，等等。我们在陌生的环境里，很快地适应了。

第一学期，我教的是七年级1班、3班的地理和八年级4班的地理以及九年级的音乐。对于七年级的学生来说，地理是个陌生的学科。作为他们的第一任地理老师，我秉着激发学习兴趣的初衷开始了我的教学。在第一堂课上，我就向学生展示了地理的"浪漫"，星辰大海、大好河山、人文古迹都等待着他们去认知、探索。在之后的课堂中，我也尽量让课堂趣味化、生活化，科普视频和"讲故事"环节深受学生的喜爱，也让他们爱上了学习地理，这使我深受鼓舞。

第一次月考成绩却不尽如人意，我所教的普通班级的成绩和我所期望的成绩相差甚远，我在感到挫败的同时也第一次发觉我并不完全了解这里的学生。为了找出问题，我让学生写出对地理课的建议，出乎意料的是大部分学生给我的建议是希望我能"凶"一些。我很少对学生发火，尽量以讲道理、谈心的方式，帮助他们认识到问题，从而自觉改正，所以大多数学生把我当作了朋友，这也使得有些学生对地理学科开始松懈、偷懒。在和学生、当地老师沟通交流后，我开始在课堂、课下增加了抽背、测验等环节。每个周五放学前，办公室都会排起长长的队，来进行知识过关检测。虽然有的学生还是背得磕磕巴巴，但我能感受到他们的学习态度已经发生了改变，这就足以给我信心。对待不同的班级，我也开始把握上课的节奏，采取重点知识反复讲、基础薄弱慢慢补的方式展开教学，不落下每一位学生。他们的人生道路还很长，不能让他们就这么放弃，哪怕只在地理学科上帮助他们找到些自信和乐趣，也让我充满了上课的动力。

第二学期，在学校的信任下，我任教八年级 3 个班级和七年级 1 班的地理，其中两个是学校的招牌"海大班"，面对即将迎来会考的八年级学生，我也是打满鸡血，丝毫不敢松懈，在牢抓知识理解与记背的同时，我更注重传授答题技巧和学习方法。期中考试后，我号召学生来找我分析试卷的问题，起初他们很畏惧，以为带着试卷来办公室就会受到批评，于是我便坦诚地说："刚来教大家，想和大家借机认识一下。"各个班的学生在课间便蜂拥而至。我会在对错题进行分类的基础上，帮助他们找到他们在学习和答题中存在的问题，更多的则是诚恳地表扬他们的每一次进步，在试卷、作业本上留下些鼓励的话语。当然，我也时常因为他们的偷懒而着急，要多用些小心思去督促，用课余时间和他们谈谈心，帮他们找到人生的方向。在紧张的复习与快乐的相处中，仅仅半个学期，我和八年级的学生也建立起了深厚的"革命友谊"。

在我与学生的共同努力下，我所任教的班级都取得了令人满意的成绩。我与学生在地理的世界里一同探索，在学习的过程中一同成长。翻看学生写给我的信，他们在信中说，"您的旅游照片和故事让我们感受到了生活的美好"，"感谢您用真实的经历教会我们如何学习"。在为人师的这一年，我才明白其实教师也是平凡人，也会迷茫和疲惫，只是有一颗充满责任与爱的心，支撑着我们为每一粒种子撒上多彩的肥料。

当地学生很多是留守儿童，性格比较内向，生活上也比较拮据。为了帮助当地学生，我们继续开展"江海情深"爱心助学金活动，开设了音乐社团，开展了"云端有信海上来"活动、爱心圆梦活动，让每一份远方的爱心与关爱落实到当地学生的身上，让他们感受到社会的温暖。我与队友跟随班主任对受助学生进行了家访，他们的家庭情况令我震惊——透风的门窗，坍陷的房顶，狭小的空间，破烂的桌椅板凳，在我与队友穿着厚厚的羽绒服都冻得嘴唇发紫的冬日，困难学生的家中却没有一件像样的取暖设备。而这些学生积极上进，会对我们说一声"老师辛苦啦"，会主动给我们端茶倒水，学生家长会朴实真挚地招呼我们，给我们带上自家种的柑橘表达感谢。在这些震撼和酸楚下，我总感觉自己的语言变得匮乏，一时不知如何安慰、鼓励他们。当我看到在艰苦条件下，学生仍能够去笑着面对生活，我由衷地为他们感到高兴，也期待着我们的关爱能为他们带来更多改变。

作业本上的鼓励、教师节的祝福卡片、互赠的小零食、热情的招呼、敞开心扉的悄悄话、成绩进步时的共同喜悦……回想起与学生一起成长的点点滴滴，我感受了学生的敬意和最真挚的爱，他们教我如何成为老师，如何变成一个宽容、勇敢、真挚的人。

暂且别过，感谢遇见，未来再见。短暂的一年，有太多故事还没讲完就匆匆结束。还记得离别前夕，学生总会问："老师，你们什么时候走？""老师，你们还会回来吗？"……我总笑着宽慰着不舍的学生，在一个个本子上签下"未来可期"的祝福。在最后一节课上，我给每个班的学生留下一封信，里面写道："你们会遇到许多老师，但你们或许是我此生唯一的学生，在未来的日子里，一起努力，顶峰相见吧！"信没读完大家就哭成一片，我们红着眼睛拍下合影，期待着下一次相见。一封封信件、一个个小礼物塞满了我的书包。"天空很阔，海洋很远，希望我们彼此的爱能跨过天空和大海，驶向远方。"翻着学生的信，我脑海中仍浮现着在乌江中学的日子，想念与伤感涌上心头，耳边仿佛还能听见最后一节课时学生一起给我唱的《山海》这首歌。相逢与再见都是馈赠，我会始终记着顶峰相见的约定。

离别之际，要感谢的还有太多太多。最庆幸的是能在这座远隔大海的小镇与我的四位"战友"并肩前行。我们一起上课、讨论、游戏、运动，厨艺日渐精湛，家里的氛围也愈发温馨。我们一起为跨年干杯，也一起为琐事烦恼，每个有迹可循的时刻都充满了我们的欢笑，更多的是关心与包容，我在这个小家庭里感受到满满的温情。离别时刻，我没有和大家说"再见"，而是说"青岛见"，我们的故事来日方长。感谢"第二故乡"的人们，团区委的老师与哥哥姐姐们耐心介绍，帮助我们适应环境；乌江中学的领导、老师们对我们嘘寒问暖，热情招待，帮助我们解决教学和生活中的难题。"青山一道同云雨，明月何曾是两乡。"忘不了美味的乌江鱼，忘不了与学生的约定，更忘不了各位校长和老师们嘱托的那句"常回家看看"，世上没有远方，有爱便是故乡。

在乌江中学支教的日子里，我才真正懂得支教的一年是"偷来的一年"，给我平凡的生命中增添了一段浪漫的情怀。从小到大，城市的霓虹孕育了我的梦想，高等教育教会了我如何实现梦想，而当我走进大山，看到那些最朴素、真实、温暖的梦想时，我才真正懂得了教育的意义。无论身处怎样的境地，勇敢地去追求梦想，保持对生活的热爱和对世界的善意，才是最可贵的。我也希望，支教这段时光里的双向给予能变成我和学生勇敢前行的力量，让我们与这个时代一起，向阳而生，一起向未来。

用脚去丈量这片土地，用心去感受这份信仰

孙颖

孙颖，山东威海人，中国海洋大学第18届研究生支教团成员，2019年8月至2020年7月服务于西藏自治区拉萨市西藏职业技术学院。

初来乍到 —— 支教初体验

2019年7月下旬，怀揣梦想的我们离开家乡，坐上了开往西藏的列车，一路上经过可可西里，翻过唐古拉雪山，即将开始为期一年的支教生活。

相遇是缘也有源。我对"支教"这个词的初印象，源于高三的班主任游老师。在某一次班会上，游老师突然很轻松地跟我们提起，最近有他支教过的山区里的孩子打电话问："老师，您什么时候再回来看我们呀？""老师，我们想你了！"

西藏风景

他向我们讲述了和那群学生的故事。老师回忆过去的神情姿态，在那一刻深深地打动了我。自此，我的心底埋下了一颗种子，静待发芽。直到 2018 年的秋天，我成为中国海洋大学研究生支教团的一员。

提起西藏这个地方，大家的第一反应基本都是"高原反应"，我大一听学长们宣讲提到早上起来流鼻血、喘不上气来等时，也有那么一瞬间的退缩。但其实每个人的体质不同，反应的程度也不相同，我和同伴们除了轻微的眩晕和喘气费劲外，没出现其他严重的问题。初识西藏职业技术学院，这里和我想象中一样——湛蓝的天空、清新的空气，还有一群纯真质朴的人；又和我想象中略有不同——轻微的高原反应、不算简陋的生活环境，连一度以为会有障碍的沟通问题也几乎不存在（虽然大家的普通话不是很标准，但还是可以听得懂的）。

一开始还未适应环境，我们稍微快走几步都会晕晕乎乎，还喘不上气，但两个月后我们就可以在操场上唱跳、打篮球了。志愿者们日常居住的地方是位于西校区的二层小楼，和后勤老师们住在一起。刚住进去的时候我们总会聚到一间小厨房做饭，炒菜、煮饭还包过饺子，不过因为这边的蔬菜和肉类都有点贵，我们也没有冰箱，所以菜品几乎都是大头菜和土豆。离开那里已有两年，现在的我回忆起那段在西藏的时光也会怀念，也会开心地跟其他人分享我和西藏的故事。

聚是一团火，散是满天星。所谓"聚是一团火"，在西藏职业技术学院，我们还有西安交通大学、北京服装学院研究生支教团的学生以及西部计划的志愿者，一起组织了许多大型活动，比如西藏职业技术学院第三届红色教育月之 2019 迎新晚会，庆祝新中国成立 70 周年快闪活动。来自中国海洋大学的我们延续了第七个年头的"当日光城遇上海洋"海洋文化系列宣传活动，进行海洋知识科普。为了解决和藏族学生的沟通问题，我们新开设了"沟通表达基础与进阶"公选课，编排汉、藏双语音乐快板，举办汉、藏双语角、辩论赛、演讲比赛、书法比赛，带领学生进行志愿讲解等，锻炼学生听说读写的能力。同时，我们把工作经历整理成文字报告，参加了 2019 年 12 月份举办的全国志愿服务项目大赛公益创业赛，获得了全国银奖。

何谓"散是满天星"？学校的研究生支教团一共 11 个人，每个人都在自己的岗位上发光发热，在支教学校的二级学院和各个基础部门工作。我被分配到了农业科学技术学院的学生管理科，授课则是在基础教学部的英语组。行政工作方面，我参与了学院的迎新工作，负责社团、学生工作的管理，带领农业科学技术学院获得了2020年的"五四红旗团总支"称号；教学工作方面，负责了四个班级的英语教学，并承担了"魅力海洋""沟通与表达"各四分之一的课程量，我负责的班级的期末考评也在全校班级中名列前茅。

其实最初被分配教英语的时候，我是有一点点紧张的，因为我觉得我不是英语专业毕业的，这么多年也只有学习者的身份，并没有了解过如何系统地教授英语，心里不免会有一些不知所措。尽管在新教师入职培训时各位教师也分享了自己的教学经验，但每个人的习惯会有所不同，我也只能靠自己去摸索。在正式开始上课之前，我去听了许多老教师的课，吸收他们的优点，希望会对我的课堂有所帮助。

在课堂上讲课

不是第一次站上三尺讲台，却是第一次面对一群和我年龄相仿甚至比我还要大的学生。来之前我也听说过，这里的学生基础差，第一堂课复习时态和句型，大家参差不齐的水平令我惊讶。课后我了解到，有的学生是高中毕业，在高中学习阶段有一定的基础，认识的单词也比较多；而有的学生是中专毕业升学，对英语的学习不用心，读课文也只认识几个 Be 动词。

一次新授课上，我先是用一节课讲了单词，又将课文拆开讲了两遍，组织学生小组分角色朗读了几遍之后，随机挑了一名学生起来读课文，她起身却只能读出"I""have"几个最简单的单词，还是在"好心"同桌的协助下才读了出来。我知道她的基础差，但是她整节课都没有主动寻求我或者其他同学的帮助，而是自己一个人默默对着课本发呆。课上我没有说什么，只是在她的作业本上写了几行鼓励的话。

作业本发下去大概不到两周，她来找我了："老师对不起，我以前的学校对英语不重视，所以我的底子很差，课堂上我有点跟不上您的节奏，但我以后会努力克服的。我同桌英语比我好，我以后就先跟她学着读课文，或者您可以告诉我怎样学好英语？谢谢您！"这份对待学习的态度，哪个老师看了不感到欣慰呢？更何况她的确说到做到，之后的每节课她都打起精神，偶尔课间还会看到她拽着同桌教她读课文，我感觉到她的确在进步，跟朋友们聊天谈起这件事时，我也开心得笑开花。

自那以后，每一堂课我都会反思自己是否按照预期完成了课堂任务，是否调动了学生的学习积极性，是否把该拓展的部分展示给了学生等，争取和学生一起改变自己，提升自己。

亲身体验过就会知道，藏区人民很淳朴，学生很可爱，街道很干净，气候很宜人，食物很独特。越是了解藏区文化民俗，越会渐渐融入当地生活。

这一年的时间里，我曾被学生的作业气到不想上课，也曾被桌面上出现的纸条和小苹果所安慰；我曾头疼于学生上交的活动材料太少，也曾在学生助理的帮助下按时完成工作。很多事情，只有真正地体会过，才知其中的艰辛与收获，能够和学生一起学习、一起工作，真是令人难忘。

其实我并未觉得自己在做什么很了不起的事情，只是恰好我在做想做的事情的同时，为边疆的发展、为祖国的教育事业贡献了一份微薄的力量。青春是用来奋斗的，青年朋友们也应当主动投身实现中华民族伟大复兴的征程中，让青春之花在党和人民最需要的地方绚丽绽放！希望以后也会有更多的有志青年能够加入支教队伍，践行志愿服务精神，成为一名对党和国家有用的人才，到祖国最需要的地方去！

我可爱的学生们

初来乍到 —— 支教初体验

最美的青春与你相遇

王业郐

王业郐，辽宁昌图人，中国海洋大学第18届研究生支教团成员，2019年8月至2020年7月服务于云南省大理市巍山县文华中学。

甘载之约，共赴山海

我们是2019年8月初到的巍山。和巍山第一次邂逅，对这里的第一印象就是气候非常舒适，温度和湿度都刚刚好，这让初来乍到的我对这座古城充满了期待。在不断接触和了解这座古城的过程中，我发现这里不仅有宜人的气候，还有古朴典雅的景色、舒适安逸的生活环境和热情好客的人们。每天晚上，我们都会在古城里走一走，探索各种各样的特色小吃，在晚风的吹拂下感受这份难得的淳朴和宁静。每当这个时候，我都会情不自禁地想：我们将与这座古城发生怎样的故事？

开学的日子到了，我作为生活副班主任要到教室里迎接新学生，同时帮助班主任收集材料，这是我和学生的第一次相遇。来到教室，看到一些学生和家长已经到了，我本来放松的心情又紧张了起来。在和班主任童老师沟通以后，我确认了自己的工作，刚刚的紧张不翼而飞，随即投入自己作为老师的第一次工作中。

在这之前，有一个令我印象深刻的小插曲。一个女孩找到了我，她穿着高中的校服，一开口便问我是不是来自中国海洋大学的支教老师。我感到很惊讶，没有想到我的身份这么快就被识别出来了。细问缘由，才知道她曾经也是文华中学的学生，今年刚刚考上高中，今天来送弟弟上学。她说她在初中的每一年都有中

在办公室备课

国海洋大学的支教老师给他们上课，她为此感到特别开心和幸运。从她的眼神里，我看到了她发自内心的喜悦和感激。在那一刻，我暗下决心，一定要竭尽所能地完成好支教工作，不负这最好的年华，不辱这光荣的使命！

语文老师，对我来说是一个既熟悉又陌生的称呼。熟悉是因为从小学到高中都有语文老师的陪伴，陌生是因为自己从来没有当过语文老师。每当我对即将开始的语文老师生涯感到迷茫和紧张的时候，我就会回想起曾经陪伴在我身边的那些无比严厉却又和蔼可亲的语文老师，仿佛又一次听到了他们的鼓励："不要紧张，你可以的！"虽然早在支教前，我已经无数次设想过支教时的教学场景，但当我真正地站上三尺讲台，拿起手中的半截粉笔，面对着有些褪色的黑板，郑重地写上我的名字时，转身回首，还未言语，学生最真诚的微笑便缓解了我初上讲台的尴尬、紧张与惶恐。他们可爱稚嫩的脸庞，让我充满了信心和希望，也对学生的语文学习之旅满怀期待。

感谢相遇，在这一年的支教生活中，我因学生的进步开心过，也为他们的偷懒、懈怠气恼过；我被学生的细心和懂事感动过，也为他们的调皮和孩子气烦恼过。无论是喜是忧，这些都成为我难忘的回忆，成为我珍惜的一段时光。我很感激在最好的青春年华和四个志同道合的小伙伴来到了巍山，结识了热情善良的老师们，遇见了活泼可爱的学生们，陪伴他们度过了初一的学习生活。一年以前，我怀揣着无限的憧憬和期待遇到了最好的他们，天真稚嫩，充满朝气；一年以后，我们在共同经历的点点滴滴中成为最好的我们，一起成长、勇往直前。

课堂授课照片

与班级学生合影

支教趁年华

张航航

张航航，贵州贵阳人，中国海洋大学第 19 届研究生支教团德江服务队成员，2020 年 8 月至 2021 年 7 月服务于贵州省铜仁市德江县煎茶中学。

石泉春酿酒，松火夜煎茶。我支教的德江县煎茶中学位于德江县煎茶镇，创办于 1958 年 9 月，其前身是创建于清朝后期的凤鸣书院，是一所与县城相距 20 公里的县直农村中学。这里群山环抱，自然环境十分优美。

朗朗闻书声，杳杳听凤鸣。来到这里以后，我发现这里有一种自然而然的亲切感，整个镇上的人似乎都认识你，也可能认识的不是你，而是"青岛老师"。刚踏进校门询问办公室的位置，老师们便热情地直接带我过去；不熟悉的高年级学生们看见我会隔着老远打招呼；到镇上吃小吃，老板会热情问候我们并且悄悄地给我们多放肉；寄快递时，快递店老板会直接把费用抹个零……这座小镇和来自中国海洋大学的"青岛老师"们有着密不可分的联系。

我还记得刚刚站上讲台时的几次课堂，为了能够不被学生看出我内心的小忐忑，每次课前我都会写好接近 3000 字的"剧本"，将自己要说的每句话、要完成的每个步骤都写在上面，内容包括了课程具体内容以及串场词，力求站在讲台上的自己能够顺利连贯地完成教学工作。而现在，我已逐步适应了教师的角色，可以不用在每次上课前写好"剧本"，也能在课堂上游刃有余地和学生互动。

从前考试时坐在下面看着监考老师拆卷的我，如今也会充满仪式感地在每场考试开始前将密封好的试卷袋前后翻转展示给学生；从前最羡慕监考老师可以坐着休息的我，如今也体会到了监考老师两个半小时一动不动的"艰辛"；高中时期被"小绿卷"磨炼颇多的我，如今也每周将"小绿卷"亲手送给学生；从前最喜欢放假的我，如今最害怕一个假期回来学生把学过的知识全忘了。

选择支教，便是选择了一份坚持与责任。因学校师资紧张，我作为支教老师义不容辞地承担起"缺啥补啥"的职责。学校安排我担任七年级 1 个班英语学科和八年级 3 个班历史学科的老师，需要跨年级、跨学科备课。每日晚自习结束后，办公桌周围的作业堆成了一座座小山，回到办公室要备课、改作业至凌晨。对我来说，这就是一个挑战自我的过程。

挑战一，学科难。在我看来，历史作为一门向学生讲述历史事件、历史人物、国家兴衰等内容并以培养学生用历史的眼光看问题的学科，需要教师博古通今，能以史鉴今。而作为一名理科生，刚接到任务的我有些手足无措。我每晚听网课、做笔记，每周向其他历史老师请教，把握课程进度和重点；利用网络资源查找历史事件相关背景，串联历史事件，力求能够将历史知识深入浅出地讲授给学生，并适当结合时政热点，让学生愿意听并且能够听懂。在讲解赎买政策时，我让班上几个同学分别扮演了"盐老板""米老板""布老板"等角色，通过这样的方式，学生在课堂中有了参与感，也对历史学科有了兴趣。在教学过程中，我先是学生，后是老师。

所幸，付出是有收获的。班上平时最不喜欢学习的学生在考试结束后主动询问了考试成绩并对我说："老师，你那科是我认真考的。"有学生在学期末给我写了小纸条："老师，你的历史课是我上过的最有趣的历史课，我没想到我能考 80 分，新学期我会再接再厉。"这些是对我的付出的最大的认可。

挑战二，兴趣难。支教地学生普遍基础薄弱且对学习无太多兴趣。我为每个学生准备了学习记录表，尽力掌握他们的学习动态。我还运用多媒体游戏、小组竞赛、个人积分榜等方式激发学生学习兴趣，利用课前、课间、晚自习等时间为学困生补习，并通过讲述各类故事帮助学生树立个人理想。英语课时，我会讲述全球化背景下，国家对于人才的迫切需求；历史课时，我会讲述中国共产党的伟大和国家制度的优越性以及中国共产党带领全国各族人民探索社会主义道路过程

课堂日常情况

的艰辛，使学生认识到"落后就要挨打"并培养他们"为中国崛起而读书"的使命感。

　　在这样的工作环境下，我明白了坚持和责任的意义。每当我看到学生取得进步时，我觉得一切付出都是值得的。挑战总比预料的多，但办法也总比困难多。所幸，付出是有收获的。在 2020—2021 学年第一学期全县期末统考中，我教的班取得了七年级英语成绩普通班第一、八年级历史包揽全年级普通班前三名的好成绩；第二学期全县期末统考中，我所任教的七年级英语成绩全县排名较初一入学时进步 35 名；所教八年级历史三个班获得普通班第一、三、四名。

　　老师的责任是扶智也是扶志。在家访过程中我了解到，班上多数学生是留守儿童。他们在相对封闭的环境中长大，缺少父母的直接管教。我希望通过我的努力能够开阔他们的视野，改变他们既定的认识，激发他们心底对于理想的追求。

因此，在日常学习过程中，我结合书本内容适当拓展知识，引导学生了解读书的重要性；联系高校海洋科普社团，通过视频的方式讲解海洋知识，为学生开阔视野；联系不同专业的同学介绍其所学专业和未来工作，帮助学生提前树立理想；课下讲述我身边的励志故事，告诉学生人生有无限可能。第二天，七年级的小玲同学兴冲冲地跑过来说："老师，我觉得做律师好有意义，我以后想当律师！"在留守儿童生日会上，有学生在愿望墙上留下了写有"我希望成为老师的学妹"的便利贴，还有学生主动来问我关于目标高校的问题……

在国家和政府的大力扶持下，学校教育硬件设施得到了很大程度的改善，接下来的任务便是提高学生的综合素质。支教，让我深刻认识到基础教育和智志双扶的重要性，让我认识到家乡基础教育和东部发达地区基础教育差异所带来的影响，我不仅需要教给学生知识，更需要帮助他们树立远大的理想。

一年支教，我遇见了更好的自己。这一年，2 个学科、4 个班级、200 名学生、800 个课时，让这份经历成为我青春中最为宝贵的回忆，它们将在未来的漫长岁月里，时时刻刻提醒着我奉献、责任和担当的意义。在身体力行的实践中，在深入山区基层的具体工作中，作为志愿者的我们，是付出更是收获。在全面打赢脱贫攻坚战的收官之年，我有幸能在祖国西部担当作为、历练成长，亲身感受国情民情社情，通过社会观察和思考思辨，对中国特色社会主义制度有了更加深刻的理解，为将来成长为坚定的青年马克思主义者奠定了良好的实践基础。支教一年，自教一生，这一份宝贵经历，将是伴随我一生的财富。

山海一程，三生有幸

罗茜

罗茜，四川绵阳人，中国海洋大学第 20 届研究生支教团云南服务队成员，2021 年 8 月至 2022 年 7 月服务于云南省红河州绿春县第一中学。

总有些令人惊奇的遇见，比如我与绿春。临行前因疫情防控，我不得已延迟报到，两天一夜，从飞机到动车再到大巴车，不知目的地具体位置的我坐车坐到天昏地暗，对绿春的初印象除了连绵不绝的山，就是没有尽头的路；若再加深一些，便是路旁郁郁葱葱的树木、被袋子套住的香蕉树和围绕着群山的缕缕云雾。大巴车上人数不到一半时，我终于到达了绿春县的防疫站。绿春是一个与越南接壤的边陲小城，工作人员得知我是来绿春一中支教时说："欢迎啊，你会很喜欢绿春的！"

做老师的初体验来自海洋小课堂的学生，从一年级到初一不等。我的挑战主要来自两点，其一是我延迟报到，学生已经上了一周课，对我很陌生；其二是我负责的课程与法律相关，理解难度很大。果不其然，第一节课讲授海洋普法小知识，给学生讲海域划分时，我明显感觉到，坐直小身板、大眼睛忽闪忽闪看着我的他们充满了疑惑。一节课上完，学生无聊，老师也有挫败感。我事后反省，课程内容太难，我的表达方式也不够生动。后来讲海防和国家安全，我选择了学生感兴趣且了解一二的军队，以家庭类比国家解释国防，上课效果明显好了起来，学生能就上课内容和我进行对话与交流。

渐渐地，学生对我熟悉起来，会在每天早上签到时送上一颗糖果，悄悄说：

小课堂结课纪念

"罗老师，这是我最喜欢吃的糖果。"他们还会在下课时问我："罗老师，鲨鱼最大有多大？"有的学生会放学后不愿离开图书馆，要与我一起迎着落日归家。

做老师的初体验教会我要因材施教，要脚踏实地，要时常反思教学。学生天马行空的想法、毫无保留的爱意让我有了作为老师的责任感、价值感和幸福感。

8月正式上课，我与"456"的故事由此展开。我承担了八年级4、5、6班的道德与法治教学工作。同组老师告知我，有些班的学生比较调皮，需要思考如何对待他们。为此，我常常和班主任交流学生的情况，私下也抓住机会多和学生接触。学习上，对学有余力的学生，我会进行知识拓展，并要求多背诵、多练习；对接受速度略慢的学生，我会要求他们掌握核心知识，以抄写加背诵的方式帮助记忆。初二的道德与法治重在法治，需要思考如何"接地气"地讲课。为此，我常和其他老师交流教学方式和探讨经验。我在备课时以视频和案例相结合，将学生作为案例主角以加深其印象，并设计积分制度，鼓励学生上课积极回答问题，课下按时完成作业，期末努力背诵知识清单，考试不空题。

开学前，我悄悄在笔记本上写了自我介绍，在书上写了讲课顺序，特地备注不要紧张、慢慢说话，挑选了一套最像老师的衣服，面无表情，抱着成为严师的心态进入教室，但伪装技术极差的我走进教室看到学生好奇的目光和有趣的小表情，就会不自觉地露出笑容。

之后的教学与相处中也是如此，这群会捣蛋又可爱的学生，让我想要严厉时却忍不住微笑。遇到调皮的小孩时，我气得"牙痒痒"。他们会在一节课被提醒好多次后也不安静；会由认真上课突然变得不听讲；会在课上偶尔此起彼伏地"嘻哈嘻哈"；会困得怎么叫也叫不醒；会在我抓背书时逃跑；会为了吸引我的注意力做很多不寻常的事……也有学生会不断提醒其他人："安静，不要再说话了！"会上课歪头疑惑——老师讲课语速怎么这么快，然后提醒道："罗老师，你又紧张啦，说得太快了！"有学生对我说："罗老师，谢谢你的出现，让我更努力，更想去看看外面的世界。""我想成为罗茜老师这样的人，学好法律。""我一定努力走出大山，不辜负您。""祝您生日快乐！""您辛苦了！""我在你的课堂上最认真了！""您尽管往前走，我们一定赶上您……"

与学生合影

在四川，我们通常会将喜欢的人称为"乖乖"，今天我也想和我的"乖乖"们说点话，那些当时怕自己落泪、怕你们落泪的话。

感谢你们这一年在我教学与生活中的陪伴，期间可能有不愉快，有我让你们伤心的地方，请多包涵，也请不要放在心上。这一场跨越山海的遇见，是我的幸运，也是我这一生最值得回忆与品味的遇见。也许之后你们会渐渐忘记那个很严格的罗老师，但能够陪伴你们这一程，我很荣幸，也很知足。请永远相信，你们真的比自己想的更棒，每个人的优点是不同的，并没有完全正确的选择，只要自己喜欢并愿意为之而努力，对你而言那就足够正确；每个人的花期也是不同的，不要怀疑自己或羡慕他人，你只要坚持、努力，那么一定会等来盛开的那一刻。

临近离别，我能做的事情越来越少，唯有祝愿。我很想说，希望我的每一个"乖乖"都能永远做无忧无虑的小朋友，有足够的勇气面对未来，在每一个人生抉择的关键时刻、困难时刻都有贵人相助。"莫愁前路无知己，天下谁人不识君"，还有更多美好的遇见，有更多精彩的故事等着你们，在接下来的日子里希望你们一切顺遂、平安喜乐。

用一年不长的时间，做一件终生难忘的事。这一年，每一寸光阴都有故事，要感谢太多同行人。感谢绿春县政府工作人员的关心，帮我们改善生活；感谢绿春一中的老师们对我教学上的指导和生活中的关心；感谢中国海洋大学驻绿春的曹老师、李老师、高老师和胡老师对我的照顾；感谢并肩作战的重庆大学研究生支教团的家人们，彼此陪伴度过这极具意义的一年。感谢一直包容我、帮助我、陪伴我、开导我的包子卓、顶梁柱苗、鹰鹰雪、傲娇林老师，一定是有特别的缘分，让我们相遇，一年间分享喜怒哀乐，牵挂彼此，"相爱相杀"，回中国海洋大学也要继续相约！感谢让我破碎又重构，不断审视自我、改变自我的学生"乖乖"们！感谢这一年所有牵挂我的家人和朋友们，感谢选择去支教的自己！

离开时，我依旧是独身一人，与绿春作别。山依旧连绵不绝，树木依旧郁郁葱葱，香蕉树已然被采摘，阳光挤开云雾，洒满一地斑驳，送我返归途。向车窗外看去，云南的云和天都太美了，在这里一起度过的时光也太美了！从此看到云彩便想到你们，想起彩云之南的故事。

大家庭合影

支教感想

刘梦然

刘梦然，河南夏邑人，中国海洋大学第11届研究生支教团成员，2012年8月至2013年7月服务于贵州省遵义市遵义县乌江中学。

支教工作已经开展两月有余。

我所支教的这所中学坐落在乌江水畔的一座山上。第一次走进这个校园时，我就倍感亲切。因为无论是教室里的课桌椅还是办公室里的一些设备，甚至是学校里的一栋栋楼，都是在我们学校前几届支教队员的共同努力下置办和建成的，这其中也有一些默默付出的爱心人士的努力。我能想象得到，在此之前，乌江中学是一个怎样的学校，也许你也能想象得到。

在学校里，我的教学工作既跨学科，又跨年级。除了要给七年级的两个班上地理课，还要给八年级的一个班上历史课。不过，我的教学任务在这里并不算重，这里师资力量匮乏，全校一共500多名学生，只有40多位老师。全校总共三个年级，每个年级四个班，而平均每个年级需要开设的科目多达10门。在我们来之前，这里的大多数老师超负荷工作。

来支教前，我的脑海里始终浮现的是那个曾经在电视上出现过的，有着一双渴求知识的大眼睛的女孩的形象。我以为她就是这些学生的缩影。可当我真正跟这里的学生有了接触后，才发现我的想法并不完全正确。这里的孩子也有一部分是相当调皮的。曾经有一个跟我比较熟络的男生，被学校里的其他男生欺负了，我得知后把他喊来了解情况。在他的讲述中，我得知带头欺负他的男生在很小的时候父母就不在身边，一直跟着奶奶长大，所以一直没有人管教，胆大妄为，经常欺负别的同学。我又问他是不是这里的很多学生的家长不在身边，他回答我说有很多学生的家长常年在外打工。听他这么说，我开始理解，为什么这里有些学生不爱学习，还总是惹是生非。缺少关爱，又得不到及时、正确的引导，这势必导致有些学生走错路。他们是多么令人惋惜啊。

　　而让我欣慰的是，这里也有很多学生自立自强，特别热爱学习。在我所认识的学生中，有一个女孩特别优秀，她叫谭文美，现在上九年级，每次见到她，她总是笑容满面，然而就是这样一个爱笑的小姑娘，在小学的时候，遭遇了最伤心的事——父母离异。之后，母亲带着她和妹妹生活。为了多挣点钱，供姐妹俩读书，母亲不得已外出打工，将她们俩交给大姨照看。现在，他们住在离大姨家很近的一间十几平方米的简陋房子里。

　　虽然房屋破旧不堪，但屋里面的布置却让人倍感温暖。屋里的一面墙上贴满了小星星，都是姐妹俩一起用纸叠的。

　　面对这样的生活，我问他们："觉得苦吗？"他们说："都已经习惯了，就是有点闷。"家里存放的一些好心人捐赠的书都被她俩翻了十多遍了。我忽然想起有一天晚自习，一个女生跑来问我："老师，你有没有课外书？"我说："没有。怎么了？"她说："我好想看书啊，可是学校里的书太少了，而且有些不是太幼稚就是根本看不懂，很难找到我们喜欢看的。"我又问她喜欢看什么书，她想了半天也没有说

家访学生居住情况照片

出一本书的名字，因为能接触到的书籍实在太少了。

　　我能理解学生们为什么那么喜欢看书，除了好奇心、求知欲外，书籍对于他们而言就像朋友一样，在课外活动不是那么丰富的校园里，在父母不能陪伴的家中，在他们脆弱、敏感、羞涩的心中，书能给予他们的不仅仅是知识，还有陪伴。然而，学校里存放的部分书籍已经很陈旧了，还有一部分书根本不适合中学生看。

　　在乌江中学，还有很多热爱学习、喜欢读书的学生。他们中有很多人来自贫困家庭，有一部分人很幸运，得到了外界资助，包括我们中国海洋大学的一些老师和同学的资助，避免了失学的厄运。我想，爱心需要不断传递下去，帮助山区学生健康、快乐地成长，实现他们自己的人生理想，需要更多人的参与。亲爱的兄弟姐妹们，如果你愿意，欢迎加入我们的队伍。这里的学生需要你们的关心、鼓励和支持！

　　支教之路还在继续，我和我的队友们也会一直努力下去。

薪火传承乌江水，山海情深沃春泥

全健夫

全健夫，安徽滁州人，中国海洋大学第16届研究生支教团成员，2017年8月至2018年7月服务于贵州省遵义市播州区乌江中学。

中国海洋大学第16届研究生支教团贵州遵义服务队的四名队员于2017年7月25日陆续抵达贵州贵阳，与来自五湖四海的小伙伴们开始了为期三天的西部计划志愿者集中培训课程，并于7月28日参加了2017年贵州省大学生志愿服务西部计划出征仪式。

培训活动中，贵州省委常委、省委统战部部长刘晓凯指出，西部计划志愿服务是一项充满爱心、充满温情、平凡而又伟大的事业。刘晓凯部长向西部计划志愿者们提出了五点殷切希望：一要不忘初心、坚定信念，切实担当起时代赋予的历史责任；二要学思践悟、知行合一，不断提高服务社会、服务人民的能力水平；三要扎根基层、奉献基层，力争在脱贫攻坚第一线有所作为；四要恪守纪律、服从指挥，展示青年志愿者的良好形象；五要增强体魄、磨炼意志，促进身心共同健康发展。

其后，遵义服务队的四位队员在播州区团委的安排下，积极参与遵义市的各项创城工作，并承接了播州区各项高考学子资助计划的数据统计、筛选与下乡走访的工作。期间，第15届遵义服务队队员郭小帆参加了市统一战线聚力大扶贫战略行动典型事例讲述会，并获得了第三名的好成绩。郭小帆特地来到播州区与我们相见，并从各方面对我们今后一年的支教工作提出了很多宝贵的建议。在播州区不到一个月的时间里，我们进一步熟悉共青团工作，深入了解贵州风土人情，为这一年在当地的支教工作打下基础。

2017 年 8 月 20 日，我们顺利抵达支教服务地——乌江中学。乌江中学校长包强及众多老师对我们的到来表示热烈的欢迎。包校长说："我们是一家人，乌江中学就是你们的家！"学校领导为我们详细地介绍了乌江中学的基本情况，并为我们妥善安排了食宿。我们四位成员将于 8 月 28 日正式开始教学工作。

过去的一个月，我们经历着、学习着、收获着。如今，我们已经开始了在乌江中学的一线教学工作。在未来的一年里，我们遵义服务队的四位成员将秉持"奉献、友爱、互助、进步"的志愿精神，秉承"海纳百川、取则行远"的中国海洋大学校训，传承历届研究生支教团前辈的优秀传统和优良作风，全身心投入工作，积极做好教育教学工作，结合当地实际情况开展各项关爱扶贫工作，将中国海洋大学学子的朝气与火红的热情留在贵州的大山深处，用一年不长的时间，做一件终生难忘的事情。

点滴关爱

情系扶贫

漫步云端

孙鹏静

孙鹏静，山东招远人，中国海洋大学第 14 届研究生支教团成员，2015 年 8 月至 2016 年 7 月服务于贵州省遵义市播州区乌江中学。

今天是 2015 年 12 月 23 日，天雾蒙蒙的，不时细雨飘飞。早上第二节课过后，我跟随校领导一同走访了两名重点留守儿童的家庭。

乌江镇沿江而兴，没有成规模的工厂，经济几乎全靠"鱼"来带动，就业岗位非常有限，年轻人大多选择外出打工，一年到头很少回家，很多孩子是留守儿童。学校里的留守儿童很多，大约每五个学生里面就会有一个。在这样的环境里，好多学生早就习以为常，他们照常嬉闹、调皮捣蛋、上学放学；但个别学生非常敏感内向，我曾经见到一个男生因为同学跟他开玩笑而趴在桌上哭泣；还有的学生由于缺乏教育引导，异常叛逆。

在学校，除了完成日常教学任务外，我主要负责留守儿童的相关工作，所以对今天走访的两个学生算是比较了解。他们都属于重点留守儿童。不仅父母不在身边，家境也比较困难。我们走访的第一家是九年级的福娃子家。福娃子家中只有爷爷奶奶。父亲在他很小的时候车祸身亡，母亲随之改嫁。年幼的福娃子从小就没有父母疼爱，爷爷奶奶是他最亲近的人。

福娃子的家在贵遵高速公路旁边，进村的路是较为平整的水泥路，没走几步就到了他家。

年迈的爷爷奶奶得知我们是学校老师，接连询问孙子近来的表现，他们知道，

家访进行中

自己的孙子不是学习的材料，对学习始终不感兴趣。不过好在除了学习之外，福娃子非常听话懂事。他们希望福娃子能顺利毕业，然后回家做点小买卖，能够早日独立。

其实，若不是支教的亲身经历，我很难想象家长盼望自己的孩子尽早结束学业。我与学校其他老师曾经讨论过这个问题，得到的答案却让人心酸。很多学生的家庭问题非常具体，也许他身在学校，但心里一直记挂着家里的困难，心事繁重，难以考虑学习的问题。这样的学生太多了，在如此的现实之中，想要改变，一个人或者几个人的力量实在是微小到不足挂齿。

因为还有第二家要家访，我们并没有在福娃子家停留太久。第二家要走访的是个女孩，七年级的春春，恰巧是我的学生。春春这个孩子平常在班里并不起眼。单就地理这一门学科来说，她往往卡在及格的边缘。春春很喜欢我们这些支教老师，尽管我跟她接触不多，但能够隐隐约约感觉出来她对我们的喜欢。每次上课我都会提前去教室，站在讲台上看学生的各种表现：几个女孩围在一起安静地坐着聊天；几个男生相互戏弄；也有安静地坐在自己的座位上翻书静悟的……每当我看得起劲儿时，讲台周围总会有那么几个身影默默地晃来晃去，翻翻我的备课本，看看我的书，跑回自己的座位又跑回来，拿着讲桌上的抹布反复地擦着干净的黑板，一系列的小动作可能就是想吸引我的注意。当发现我已注意到他们的时候，会很开心地跟我交谈，询问今天的上课内容，或者试探我希望他们考到的分数。这些人中就有春春。每次上课，她几乎都会在我的必经之路等候着，然后陪我一路走到教室。我知道她其实不是一个外向的孩子，每次尝试跟老师接近，都会有些许的扭捏，她需要的可能更多的是精神上的关怀吧。

　　春春家所在的村子离福娃子家并不远，但路不那么好走。村子是在山上，道路非常狭窄，几日细雨早已润透了乡间土路，车子根本无法驶入。我们将车停在路边徒步登山。泥泞的黄土坡，滑得就像踩在香蕉皮上，没走多远鞋面就湿了。四周深山"吞云吐雾"，两侧草木挂着雨珠，身临深林，这样的环境赏景极佳，但居住确是较为不适。而我的学生就住在这里，每周就是这样走着上学，走着回家。

　　步行将近半小时，终于到了春春家。奶奶下山看病去了，耳背的爷爷一人在家。跟福娃子相似，春春长这么大几乎没有与父母一同生活过。体弱的奶奶、耳背的爷爷，这个家里没有壮劳力，每年只能靠政府低保以及其他补贴勉强过活。家里的房子还是古老的木房，内屋的房顶是用竹条挑起扯的黑布做的，屋子并不密封，刮风下雨定是难熬。春春的爷爷非常乐观且懂得感恩，没上过学的老人家

家访照片

反复跟我们强调要感谢党的恩情，在他眼中，中国共产党解决了他们一家老小的吃住问题，是中国共产党让她的孙女有学上，更不需要交住宿费、伙食费，还能领到特困生补助。今天学校老师能够到家里探望，这一切都是因为有中国共产党。

老人家朴实的想法着实让我感动。这位久居深山的老人家，尽管生活艰辛，却活得有尊严，饮水思源，心怀感恩。

告别老人家，我们又踏上了湿滑的山路。丝丝缕缕的雾气着急地从林子里溜出，再回首远望身后的春春的家，早已被云雾笼罩，若隐若现了。贵州的山，山连着山，山环着山，山套着山，山抱着山。云流、雾气似牛奶般从天际跌落山谷，淹没山峦，偶尔有青峰凸显。出生在这偏远山区的孩子，拜自然所赐，他们从小就跟大山、泥土、田地成了朋友，他们很小就开始为未来担忧，很小就要帮着家里做农活儿。大自然在游人眼中鬼斧神工，对久居深山的人来说，怕是早就毫无吸引力了吧。

今日的我云雾拂袖而过，若怀闲心便如漫步云端，可惜却没有该有的恣意洒脱。下山的路每一步都很沉重，不知对那些像福娃子和春春一样的孩子来说，这云雾环绕的深山会不会是他们永远无法逃离的归宿？

请将你的爱心和温度传至珠峰脚下
——网络众筹文案

李馥孜

李馥孜，山东滨州人，中国海洋大学第15届研究生支教团成员，2016年8月至2017年7月服务于西藏拉萨市西藏职业技术学院。

嘿！非常幸运在纷繁的网络世界中，因为一条链接与你相遇。善良的你一定已经听说且帮助过一些无助的悲情的人们。今天，我会用最平和的语句把下面这个故事讲给你听，希望能为这个地方的人们众筹过冬棉衣。

拉木堆村位于西藏自治区日喀则市定日县扎西宗乡，它被称为"离珠峰最近的村子"。它充满传奇色彩的名号令人心向往，但自然环境带给当地村民们的，却是因海拔极高导致的常年2℃的平均气温和连温饱都难以维持的3732.9元的人均年收入。对他们来说，一件崭新的御寒衣物都成为奢求。

2017年5月，我随西藏职业技术学院驻村工作队前往扎西宗乡拉木堆村调研。我们花了两天时间，才从拉萨市区驱车到达珠穆朗玛峰脚下的拉木堆村，柏油马路渐渐变成了碎石乱飞的险恶沙路，再遇柏油马路就是政府斥巨资、耗费巨力修建的通往珠穆朗玛峰大本营的盘山"天梯"，海拔一路升至5000多米，近百公里的路途竟有近200个急转弯。我们坐在车上东倒西歪，随着车子的大幅转弯做着规律的摇摆运动，仿佛五脏六腑都被颠得乱了位置，沿途目之所及乱石欲坠、寸草不生，尽是无望的荒凉，而这就是物资运往村子的必经之路。

拉木堆村的村民们两颊上多有藏区特有的"高原红"，绾起的长辫和蓬乱的枯发上经常会落满叫嚣飞扬或浑然凝固的泥土。他们长期接受高强度日照暴晒的双手黢黑枯老，有的常年疏于清洁，使得龟裂的罅隙中挤满灰沙，已然成为除不掉的烙印。孩子们要在尘土飞扬或泥泞不堪的土路上跋涉六公里才能到达乡里唯一的小学……

最令人揪心的是村民们大多衣着单薄。我们在接近零度的寒冷夜里裹紧两床棉被，身体才能勉强回温。一夜过后，床边用来增加空气湿度的水盆早已结冰，鼻血在唇边凝固，极度缺氧而张嘴呼吸使得口腔干燥、喉咙沙哑、胸腔生疼，同时，手脚冰凉，动弹不得。

这次终生难忘的经历让我极受震撼，使我在返回青岛后依旧对这些离我们的美好生活相去甚远的情景历历在目。经过联系我得知，拉木堆村的确急需一批御寒冬衣。

经过多方咨询和讨论，我们决定为 148 名村民筹集新的棉服。经过与棉服厂商的多次协商，对方同意以反季促销的方式将棉服低价出售给我们。物流公司在得知我们的计划后，也主动将单价降至最低并免去了大量的额外费用。

一只蝴蝶即使奋力扇动翅膀，也无法将温暖汇聚并传递到这个珠穆朗玛峰脚下的小村庄。非常期待链接那头善良的你们和我共同努力！

你的爱心和温度，将穿越 4000 多公里的山水，传递到珠穆朗玛峰脚下，帮拉木堆村的人们度过一个暖心的寒冬。

扎西德勒！

我们将对本次众筹活动进行实时报道，保证爱心资金透明、公开、有效使用。

网络众筹背后的故事

李馥孜

李馥孜，山东滨州人，中国海洋大学第15届研究生支教团成员，2016年8月至2017年7月服务于西藏拉萨市西藏职业技术学院。

2016年7月，在踏上拉萨这片让我魂牵梦萦的热土之前，我像很多没有去过西藏的人一样，以为那里条件落后、条件艰苦，但现实中那里车水马龙、物资齐全的实际情况让我着实大吃一惊。

2016年8月，正式成为西藏职业技术学院支教老师的我，在支教工作之余，结合拉萨的情况开始思考：当物资捐赠达到一定程度，是否应该开展更高层次的文化扶贫或精神引领，培养受助群体自主生产的主观能动性，由"输血式"扶贫向"造血式"扶贫转化。

2016年9月，在请教了多位老师和前辈后，我与队员们经过充分调研、讨论，决定将最初摩拳擦掌、跃跃欲试的物资扶贫工作转移至精神扶贫。

2016年10月，经过多方筹备，我们策划的以传播海洋文化、鼓励更多藏族孩子走出西藏、促进藏海情为目的的"当日光城遇上海洋"海洋文化系列宣传活动正式在拉萨开展起来。

2016年12月，我随西藏自治区团委前往浙江宁波参加第三届中国青年志愿项目服务大赛全国赛，成功摘得全国金奖。参赛期间，通过与物资扶贫类参赛队伍的深入沟通，我才意识到，我对于拉萨的经济状况过于乐观，西藏绝大部分地区尤其是偏远山区仍旧处于我们根本无法想象和接受的极度贫苦落后的状况，而在经济基础极度落后的前提下贸然进行精神引领，只会事倍功半甚至徒劳无功。

2017 年 3 月，寒假结束回到拉萨的我们将扶贫重心再次转至物资捐赠，并通过西藏自治区团委、西藏职业技术学院、其他高校研究生支教团等多种途径寻找、接触帮扶对象。

2017 年 4 月，我们联系到了西藏职业技术学院驻拉木堆村工作队队长许震宇老师，在对拉木堆村进行初步了解后，我们震惊于其现实情况，决定前往考察。

2017 年 5 月，我作为代表跟随许震宇老师前往西藏自治区日喀则市定日县扎西宗乡的拉木堆村调研，与当地村民同吃同住一周。

2017 年 6 月，我回到拉萨，开始着手与队员和下一届西藏支教队队员共同开展物资扶贫项目。但由于经验不足、支教服务期将满且距离青岛和中国海洋大学太远、短时间和短距离内可用资源有限等现实阻碍，项目暂缓。

2017 年 7 月，我离开拉萨。离开前收拾出了几包质量尚可的棉衣棉鞋留给了常驻拉萨从事公益活动数年的志愿者朋友，作为此次活动的临时句点。

2017 年 8 月，我回到中国海洋大学开启了崭新的研究生生活。但拉木堆村的情况始终让我念念不忘。

2017 年 9 月 15 日，我看着刚结束军训的新生，突然冒出为拉木堆村筹集一批军训服的想法，但我从未实际做过类似的公益活动，身边也一时找不到志同道合的小伙伴，又合理评估了自己一人的影响力和号召力，于是我开始斗志昂扬地咨询各位老师，并在学院团委的指导下得到了院自强社的帮助。

一个人，变成了一群人。

我们联系驻村工作队、求助学院团委、请教前辈、咨询其他高校战友后，结合拉木堆村的实际情况推翻了捐赠军训服的想法，决定众筹捐赠棉服并修改、完善了项目方案，然后筛选、联系，最终敲定了棉服的卖家。

接下来就是最关键的资金来源了。由于从未尝试过公益众筹，近期身边也没类似的项目借鉴，更无法估量大众对公益的热情和支持度。我们咨询了"筹啥呢""轻松筹""水滴筹""腾爱"等各大公益众筹平台，并尝试联系了青岛的许多公益组织，最终决定迎难而上、奋力一搏，将本次众筹项目通过众筹网平台发出。

众筹正式发布的前一晚，我们生成链接并完成了首次发布，但内容和配图被人指出存在较大问题。紧急删除后开始了新一轮的修改文案和选图，只睡了不到五个小时的我一整天竟然异常精神、毫无困意，平时再忙再累也要规律饮食的我竟然靠一顿正经早饭和酸奶水果凑合了一天！

2017 年 10 月 16 日 13：10，众筹链接终于成功发布到了我的微信朋友圈，自强社第一时间积极配合，宣传转发。随后，我们的朋友圈开始被这条众筹链接刷屏。我们深知在我们看不到的地方还有太多太多的好心人，不计回报甚至倾囊相助地帮我们传递着爱心和温暖，也一定有很多群被这条链接占领甚至轰炸。我们无法一一表示谢意，但希望大家都可以在转发或捐助的过程中收获温暖和爱意。我也很诧异自己的能量竟然可以这么强大，能够让一个只是在入学教育时听过我关于支教团宣讲的大一学弟，定下了加入支教团的目标。他这次还因为打不开众筹链接特意联系我微信转账 100 元。

10 月 16 日 15：10，短短两个小时，筹款金额已达近 5000 元。

接下来众筹热度持续不减，众筹数额基本以每小时 800 ～ 1000 元的速度快速增加。

10 月 16 日，21：00，我们一直守候的众筹金额终于破万元。

10 月 17 日 6：00，新的一天，我伴着筹到了 1.6 万元的大美梦睁开眼，虽然明知是梦但还是心情激动地点开了链接，失神、失望、失落了一瞬间，但也只是一瞬间。我们又重整旗鼓，在朋友圈开始了新一轮声势浩大的宣传和转发。

8：00，我边吃早饭，边刷新众筹金额；边看朋友圈的转发和捐赠人的留言，边抹泪。感谢在众筹链接的评论里留名留言的好心人，你们的温暖是我们更大的动力；感谢占总人数 2 / 3 的匿名用户，思前想后，我们还是不敢贸然概括和定义你们的身份，只能寄希望于这条链接通过神通广大的网络将我们的感恩和谢意传递给你们。

9：00，我坐在电脑前面抱着水杯暖手，再次刷新网页，资金数目突然跳上了 12305 元，开始有朋友陆陆续续给我发消息，祝贺我在如此短时间就筹到了目标金额。

16：00，众筹金额达13145元，我们终止了众筹。

在此，谨对众筹金额进行说明：由于每件棉服重量达两斤以上，考虑到邮费问题，我们多筹集了一千元。请各位好心人放心，后期各项钱款的去向，我们会详细记录并公示。众筹阶段结束，项目进入购买棉服阶段。我们将持续跟进物流信息，后期项目进度将及时更新至众筹链接下的"项目更新"处，以便于各位的关注和监督。如有不妥，欢迎随时与我们联系。

以前在朋友圈看到众筹链接，我都会点开并献上心意，以后也会继续坚持。此次活动也让我亲身体会到若不是到了万不得已，不会有人轻易尝试众筹，链接那头的人可能持续刷新着金额，可能手脚冰凉地忐忑了一整天，可能会因为链接这头的捐助，甚至只是因为一句鼓励的话语，突然热泪盈眶，信心满满。

也希望在这场众筹活动中奉献了爱心和温度的你们，能够收获温暖，并将此作为投身更多公益活动的动力。天冷了，多加衣，好好守护心的温度，我们不久后再见。

秉一烛光，照亮希望

——让支教扶贫托起美好未来

王梦雅

王梦雅，山东潍坊人，中国海洋大学第 15
届研究生支教团成员，2016 年 8 月至 2017
年 7 月服务于贵州德江县煎茶中学。

廿载之约，共赴山海

走访山区小学，发
放爱心物资

　　在我还没有去支教点之前，每次听到"支教"两个字，脑海中总会浮现出希望工程"大眼睛"苏明娟的那张照片，但真正去支教点后，我却发现身边有很多个比苏明娟更需要帮助的孩子们。

　　我所在的中国海洋大学研究生支教团德江服务队，开展"一帮一"爱心帮扶助学活动至今已有 17 年的历史，每年通过初期申请和资格排查，最终选出 100

"一帮一"助学金发放仪式

多名"一帮一"受助候选人，联络社会各界爱心人士对其进行资助。参与爱心帮扶的过程中，很多故事令我深深触动。

第一个故事的资助人是我的学长。我支教期间，他已连续资助一名男生五年，当时那个男生初三在读，面临着升学的压力，从我接手这段资助关系开始，每天他都会给我发微信询问受助男孩的学习情况。不仅如此，他还时刻关心男孩的生活和心理状态，后来在他的请求下，我利用课余时间给这个男孩补习语文和其他文科科目。在中考结束出成绩的那段日子，感觉学长比自己考试都要紧张。支教结束回青岛后，某天偶然收到学长发来的喜讯，这个男孩从煎茶小镇考到了贵阳一中，他的那份喜悦仿佛从屏幕中溢出。学长表示，他要坚持资助男孩读完高中，除此之外，他还要求从新初一再为他找一位受助学生。像学长这样和受助人保持密切联系并成为好朋友的情况在开展"一帮一"帮扶活动的十几年来并不少见，当然也有很多默默无闻、不愿透露真实信息的爱心人士，那份"只为孩子有学上"的心愿，那种"不要告诉孩子们我的姓名和电话"的大爱，都是让我们坚持的动力。

第二个故事来自我身边的一位朋友，他在得知我去支教后，让我为他寻找一位受助人，但我了解的他，并没有富余的零花钱来资助学生，他也坦诚地告诉我只能参与一次性资助。当时他给我发信息说："我在上高中和大学之前受到过很多人的帮助，我知道他人馈赠的爱心对受助者的影响。这是我上个月的'四助'工资，为孩子们添置些生活用品和书本，告诉他们要好好读书！"

对我们支教人而言，教育扶贫是我们在支教点的重要使命。服务队共 5 人，教初高中 14 个班，基本都是担任主课教师，每周人均 16 课时，教学之余还要承担起团委的部分行政工作。

我带的班级有 50 个学生，我负责教语文课，早自习、正课、晚自习一样不落。记得第一学期临近期末，我和队长跟随学校领导家访，家访的对象正是我所带班级的学生。他家庭条件不好，自幼和弟弟跟着爷爷奶奶生活，奶奶的突然离世对他造成很大的打击，学习成绩也是一落千丈。家访过程中了解到他的家庭困难后，我们当即联系服务队的其他队员一起协商帮扶方案。一方面，积极为他寻找合适的资助人；另一方面，在征得他本人同意的前提下，为他"开小灶"，关注他每一门课程的学习情况，补习弱势学科，巩固优势学科。帮扶过程中，我曾因他贪玩跟他生过气，但他的成绩直到学期结束还保持在班级前十，第二学期还鼓起勇气竞选了语文课代表。在他身上，我看到了求知和善良的力量，虽然不能手把手教他面对人生路上的种种困难，但是能教会他坚强，引导他向上，让他有能力、有勇气去面对往后的生活，就足够了。

"知识改变命运，教育照亮人生"，在众多减贫举措中，教育扶贫是阻断贫困代际传递的重要途径。教育扶贫不同于经济扶贫，它的目标不仅仅是要让农村贫困家庭的孩子有学上，更重要的是让他们在未来的就业和个人发展过程中，能够

学生在家中墙上写下的字

有平等的机会。

　　教育扶贫是一项需要久久为功的事业，需要一代又一代教育人的坚守与坚持。在教育扶贫的浪潮中，支教人就是一朵小浪花，虽然不是浩海洪波，但却可以与众多浪花一起，汇成涓涓细流，滋润走过的每一方土地。

　　一年的支教生涯已结束，希望未来可以以其他方式重新加入教育扶贫的队伍，也希望能与更多志同道合的小伙伴同行，一起为教育扶贫贡献力量、发光放热，秉一烛光，照亮希望。

陪他们过一次儿童节

李坤伦

李坤伦，山东寿光人，中国海洋大学第16届研究生支教团成员，2017年8月至2018年7月服务于云南巍山文华中学。

"总有一天，我觉得我和他们还会相见。"李队临走时说。

2018年5月24日，中国海洋大学研究生支教团云南服务队的4名队员来到巍山彝族回族自治县牛街乡爱国小学，提前陪伴这里的学生们度过了一个特别的儿童节。返程路上，队员们内心颇不平静，似乎前一秒还和学生们谈心，下一秒便恋恋不舍地离开了。

爱国小学坐落在大山深处、黑惠江江边，全校占地不大，仅有一座三层教学楼和一栋宿舍楼，学校设一、三、四、五、六5个年级，共66人，都是附近山区村里的孩子。

四年前，研究生支教团的前辈们通过县教育局了解到这所学校的情况之后，自发组织到此奉献爱心，从此研究生支教团便和这所山区学校结缘。2018年，经过前期的走访调研，了解到学校现状和所缺物资之后，在巍山县教育局的牵线下，我们又"重返故地"，给大山深处的学生们带来了精心准备的"六一"儿童节礼物。

汽车穿越蜿蜒曲折的盘山公路，历时两个半小时，终于到达目的地。还没进校门，我们便看到了爱国小学的学生们站在教学楼前迎接。"听说志愿者哥哥姐姐们要来，这些学生老早就在校门口等待了。"爱国小学负责教务的董老师告诉服务队队员们。

待收拾片刻，志愿者们将书籍、文具、鼓乐队配套乐器等礼物布置好，学生们整齐列队，捐赠仪式正式开始。爱国小学赫校长和支教队李队长分别发言，在提前为学生们庆祝儿童节的同时，也给他们以鼓励和启迪。

随后，彤老师换装卡通熊，与其他志愿者一起为学生们分发准备好的礼物。学生们接过礼物不忘鞠躬致谢，还给"卡通熊"一个深情的拥抱。

下午，我走上讲台，为爱国小学的学生们带来了第二个"礼物"——一堂别开生面的海洋科普课，借助多媒体课件，向他们生动形象地展示并介绍了海洋历史、海洋文学、海洋资源、海洋生物、海洋科考等知识。

谈及梦想，他们有的想探索宇宙，有的想研究海洋，有的想站上讲台教书育人，有的想冲进火场救死扶伤……或许他们出生在大山深处，但志在四方；或许他们物质上可能不够充裕，但每个人都精神饱满；或许他们智力并不超群，却在这有限的空间里迸发着无尽的想象……

目前，爱国小学有 6 名老师任教，他们除了负责各个年级教学之外，还兼职学校其他各项事务，如宿舍管理、食堂后勤、教学督导。

"学校很少会有新老师加入，进来了也很难有愿意长期留在这里的。"赫校长跟我们说这段话的时候语气里透露出不少无奈。

爱国小学在巍山和保山交界处的深山里，由于学校太偏僻，去趟县城要先乘"摩的"走 20 公里山路到乡政府附近，然后转农村小公交，耗时两三个小时，来回要花费四五十元。此外，吃住也很困难，三个老师住在一间教室改造的宿舍内，简易的双层木板床、一张长方桌、一个布衣柜挤在一起，和学生的教室只有一墙之隔。交通闭塞，食物购买不方便，只能固定菜单就地取材，菜瓜、腌菜、玉米、番茄、瓜尖等，肉类也只有把肥肉切碎油炸过的肉糟和腊肉。平日里开饭，都是学生先吃完饭，教师和厨房师傅再吃，菜汤配饭，添一勺酱油，便成了家常便饭。

"白天当老师，晚上'值班'当父母，人手不够，时间长了，超负荷工作也习惯了。"董老师这么形容自己和同事的日常。做的工作多，工资却比县城学校教师少，山村教师职称"上升"渠道不畅……这一系列的现实问题造成了爱国小学每年的教师招聘人数不足和骨干教师的流失。仔细想来，爱国小学只是一个缩影，它所反映出的问题正是全国偏远山区学校所共同面临的问题。

有机会的话，希望大家都去这样的山区学校看看。希望学生们健康快乐，希望这里的一切都会好起来。

道阻且长，行则将至

吴月娇

吴月娇，海南海口人，中国海洋大学第 17 届研究生支教团成员，2018 年 8 月至 2019 年 7 月服务于贵州德江县煎茶中学。

支教在很早之前就被我列入了自己的人生心愿清单，一开始却遭到父母反对。

我认为教育就是用一个灵魂潜移默化地影响另一个灵魂，这种改变需要日积月累。一年的支教时光也许不长，一己之力也许不大，尽力就好。

最终，我通过了评选并说服了父母，成为研究生支教团的一员，赴贵州省德江县煎茶中学开启了为期一年的支教之旅。

时光流转，从空白页到句号的一年支教生活如划过天际的流星般一瞬即逝。于我有着道不尽说不明的情愫。

炎炎夏日，热浪席卷，颠簸的大巴上播放着乡村音乐，从铜仁市到德江县的路上，目光所及皆是蜿蜒起伏的山峦，满眼绿意。

重峦叠嶂是我对贵州的第一印象，一如徐霞客对贵州的描述，"天下山峰何其多，唯有此处峰成林"。

那日上午五点多从家里出发，晚上近八点才到达支教地。中间换了几次交通工具，一路舟车劳顿，当地政府和校方的悉心接待让温暖替代了疲惫。

已定点支教十几年的学校早已不再是曾经视频中艰苦的模样，这里有一群"嗷嗷待学"的小家伙们等着我们呢。

与学生的初次相见是在开学前，在负责学生资助工作的张主任的推荐和帮助下，

服务队合影

我们开展了第一项工作——走访贫困生。黄同学是我们对接的第一位贫困生。

转了两趟公交车，走了许多山路，花费近两个小时才到他家。在交流中我们得知，学生的母亲有精神病史，会不定期发病，需长期服药且无劳动能力，养育三个孩子的重担落在了父亲身上。结合该生的学业、家庭情况，我们在开学后帮他对接相应的资助人。他学业上有困惑时也会找我们倾诉，现在我们还与他保持着联系。

支教的中学坐落在一座民风淳朴的小镇上，这里有被云雾环绕的青山，有我们努力想听懂的贵州方言、鲜美的小豆腐、风味独特的折耳根、一群可爱但常与你斗智斗勇的学生……

小镇不大，但是因为国道的修建发展得越来越好，大部分学生的家长会外出打工挣钱。对于这里大部分的学生来说，家中已经没有了揭不开锅的困境。他们多数是与爷爷奶奶一起生活的留守儿童。

在这里，大部分学生学习不上进，甚至打算初中毕业之后到父母所在的城市打工。有的学生还沉迷于短视频的模仿学习和游戏，希望成为网络平台主播或游戏主播等。用有些家长的话来说，就是在应该学习的年纪不务正业。帮助学生们树立正确的人生观、价值观迫在眉睫，支教团的重心也由"扶贫"转为了"扶智"。

教务处把语文和英语教学任务分给了我们。我接手的是七年级5班和七年级6班的英语，第一节课的备课我准备到了凌晨一两点。

开学第一天迎接我们的便是《爱如海大》，异乡听校歌，满心欢喜与感动。

我们会不时咨询支教团的前辈或者当地的教师，请教教学方法，他们总能悉心地给出见解和建议。

尽管一开始学生的成绩并不理想，但是随着我逐渐摸索和学习合适的教学方法，这些情况也逐渐有了好转。在教英语的过程中磕磕绊绊，我尽可能用学生能理解的方式讲解语法，把班上学生的名字带入讲解过程便于他们理解，教唱英文歌，放映适合学生看的英文影视片段，从最基本的英文字母和音标教起，每节课后抽查笔记，不定时检查作业，逐步适应和改进教学模式。

功夫不负有心人，我所教班级的成绩总体排名偶尔会有波动，但至少一个班的英语排名为普通班第一，两班英语平均分不再是少得可怜。

刚来时除了要对教学模式进行艰苦摸索外，我们还面临着气候不适、语言不通以及时不时出来"打招呼"的昆虫等问题。人生第一次亲密接触藏在鞋里的小蜘蛛，这些体验都来自我的支教生活。

贵州无辣不欢的饮食习惯也着实让习惯清淡饮食的我饱受了辣椒的摧残，但渐渐地也喜欢上了这种饮食方式。

所谓"兵来将挡，水来土掩"，我们通过各种方式克服了许多困难，在不知不觉中慢慢融入了这个环境。

除了教学任务以外，我们还开展了其他工作，如海之梦"一帮一"助学活动、走访援助偏远地区贫困小学、举办留守儿童生日会、青年之家心理辅导、中国海大读书角管理和协助当地团县委开展相关志愿活动等。

由于大部分学生是留守儿童，他们缺乏父母的管教约束和关爱。我们天天追在他们身后催作业，跟家长反映后得到的回复大都是：因外出打工赚钱，孩子管不住。这是无法更改的事实，最后我们也只能见招拆招了。

我们班有一个学生因父母外出打工独居校外家中，时常不按时吃饭，还不会照顾自己；有些学生会说，周末要帮忙耕种，没时间写家庭作业；有的学生冬天穿的衣服少，手上长了冻疮也不及时处理，说已经习惯了，最后支教团的老师帮忙给涂上了药。面对上述情况我们尽己所能地给予帮助。

日常教学除了讲授课本知识外，我还会加一些励志故事、名人故事和案例分析，并开展课外实践活动，目的是尽可能帮他们树立理想和正确的人生观、价值观，让他们能够以求学求知的态度向往外面的世界，给予他们打开新世界大门的钥匙。让他们学会自己探索，有时候会比帮他们打开大门要更有意义。树立知识改变命运的信念，便是这把钥匙。

最后的几堂课上，学生们会问："老师，你可不可以不走？""老师，你会不会想我们？""老师，你会不会回来看我们？"

现在，我偶尔还会收到他们发给我的消息："老师，我们想你了。""老师，我们会记得你的叮嘱，两年后让你看到更优秀的我们。"

育德育人是一项艰巨的任务，我只能怀着"道阻且长，行则将至"的决心，秉持着"苔花如米小，也学牡丹开"的态度尽力完成。因为我相信"所爱隔山海，山海亦可平"。

德江服务队"五小只"拼成的"OUC"

一程山路，山海相依

胡永春

胡永春，山东诸城人，中国海洋大学第 18
届研究生支教团成员，2019 年 8 月至 2020
年 7 月服务于贵州省德江县煎茶中学

点滴关爱 —— 情系扶贫

我所服务的支教地是贵州省德江县煎茶中学。2020 年 2 月 25 日，在我支教的后半程，贵州省 2019 年度贫困县脱贫摘帽。这让包括我在内的无数人都激动不已。今年，是中国海洋大学研究生支教团在德江县支教的第 20 年，20 年来，一届又一届的中国海洋大学青年将自己的热血、真情和真才实学奉献给这片热土。从 20 年前那个贫困闭塞的小山村，到如今脱贫摘帽后发生的翻天覆地的变化，我们是如此荣幸，见证了德江县这个国家级贫困县一步一个脚印、踏踏实实向前发展的伟大历程。

听往届学长学姐分享在煎茶镇支教的经历，我们了解到之前这里的生活条件确实艰苦，从青岛到德江，要花费近两天的时间，从绿皮火车到大巴车再转牛车，还要走很久的山路才能到达支教学校。支教团前辈们在艰苦的环境中依然坚守初心，在立足教学本职的同时，积极引入社会资源，连同"海大路""海大桥"和一所所以"海"命名的小学（望海小学、山海小学、海情小学、行远小学、百川小学）镌刻进当地人的内心，为德江县的发展贡献了中国海大人的青春力量。

抵达支教地后，我们惊喜地发现，这里和我们之前了解的有些不一样。脱贫攻坚战打响后，大山之间有随处可见的穿山隧道，柏油路曲折蜿蜒地在村间、山间延伸，学生搬进了宽敞明亮的教室……当看到曾经的那个小山沟焕发出耀眼的新光彩，当不断听到老百姓用最质朴的声音讲出"吃水不忘挖井人，脱贫不忘共产党"，我总是忍不住哽咽，那种难以诉说的感觉，只有踏上这片土地的人才会真切感受到。

煎茶与青岛相隔 1800 多公里，但这山海相依的感情从未间断。支教期间，在煎茶中学老师的带领下，我和队友走过了四个村庄，走访了三所乡村学校。每次收到爱心人士和中国海洋大学师生寄来的捐赠物资，我们就会及时将爱心物资送到有需要的学校。除爱心物资捐赠外，"海之梦"一帮一助学是中国海洋大学研究生支教团在煎茶中学的传承项目之一，2019—2020 年度，在社会爱心人士的帮扶下，我们共资助了 138 名困难学生完成学业，资助金额 141660 元。

在受资助学生中，丽娇是让我印象最深的一个小姑娘。在她很小的时候，母亲因为精神疾病离家出走，父亲因一场车祸丧失了劳动能力，在这样艰苦的环境中，她始终坚定地认为，只有好好读书才能走出大山，只有学到更多的本领后，才能再为大山出一份力。丽娇非常懂事，天刚蒙蒙亮时，她就早早起床给父亲做好饭，把小妹妹送到学校后，自己再走着来上学。洗衣、做饭、照顾家人……都是由仅仅身高不到一米五的瘦瘦的小丽娇一个人完成的。有时候身体不舒服，她也不敢和家里人说，因为她舍不得家人为她担心。在学校里，她的成绩一直名列前茅，遇到不明白的问题，总喜欢追在老师后面问清楚，英语发音不准确时，就来我们支教老师的办公室求助，希望能学到更加标准的普通话和英语。她向往青岛的大海，期待未来的人生，她的好学，她的坚强，深深地打动着我们。

在"海之梦"一帮一助学项目中，我和队友看到了太多让人心碎的家庭。家里捉襟见肘的窘迫和父母的艰辛，会让这些学生一辈子难以释怀，但正因为有了党和国家，在制度上基本保障了"不让一个学生，因家庭经济困难而失学"，给建档立卡户家庭的学生提供教育补助、新增、改扩建安置点配套学校，免费提供营养午餐……让我深刻体会到了"扶贫扶志又扶智"是决胜脱贫攻坚路上的题中之义。我们的这一份微薄之力，对全国千千万万的留守儿童来说仅是沧海一粟，而在更多的地方，有更多的人在关心、帮助着这些可爱的孩子。

教育是阻断贫困代际传递的治本之策，在这场波澜壮阔、举世瞩目的脱贫攻坚战中，教育充分发挥出了基础性、先导性和全局性的作用。支教这一年，我真切感受到了贫困地区教育面貌发生的格局性变化，学生们的信心越来越足，对未来有了更多的憧憬，教育精准脱贫不仅为阻断贫困代际传递奠定了坚实基础，也为全面建成小康社会做出了历史性贡献。

当习近平总书记在全国脱贫攻坚总结表彰大会上庄严宣告我国脱贫攻坚战取得了全面胜利时，我深知，这场艰苦卓绝的脱贫攻坚战，是因为一代又一代人的不懈努力和毫无保留的付出，才取得了今天的成功。作为一名支教老师，我们在西部山区"用一年不长的时间，做一件终生难忘的事"；作为一名见证者，我们看到了扶贫工作者在西部基层大地上，绽放青春，燃烧生命。他们忙碌在田间地头，穿梭在山区村庄，甚至将生命永远定格在帮扶路上。我们深知，若没有中国共产党人的砥砺前行，艰难、闭塞或许会是居住在贫困地区的人们一生的底色。而如今，老百姓脸上洋溢的幸福笑容便是最好的测量器，丈量着所有前行者坚定的步履，标注着奋斗的艰辛，更沉淀着脱贫攻坚精神的价值。

用一年不长的时间，做一件终生难忘的事，当初的我，怀着一颗纯粹的心，坚定选择，勇敢出发；而未来，我会更加努力，练就过硬本领，继续为乡村振兴积蓄希望和力量，为我们的新时代不断做出新贡献！这一程山路，我将一生珍惜。

在每个孩子的心中种下一颗希望的种子

奚嘉鸿

奚嘉鸿，辽宁丹东人，中国海洋大学第19届研究生支教团成员，2020年8月至2021年7月服务于云南绿春县第一中学

2020年是脱贫攻坚的决胜之年。在这一年，我选择来到祖国的边境，来到一个刚脱贫摘帽的县城——云南省红河哈尼族彝族自治州绿春县支教，这是我第一次切身感受到自己为祖国的建设贡献了一份力量。

绿春县是一个位置偏远、少数民族居多的边境县城，作为第一届到这里支教的队员，很多情况都需要我们自己探索，我们的任务不仅仅是教育教学，还要帮助这个刚脱贫摘帽的县城的人民生活得越来越好。初识这里的学生，淳朴和天真

给学生发放物资

我在讲课

烂漫是我对他们的第一印象。

但我很快发现，很多学生不爱学习，或者说不知道为什么要学习。此时，我深深地意识到，我需要传授的不仅仅是课本上的知识。在思考了很久之后，我决定发挥支教老师的优势，在第一堂课上通过讲故事的方式激发学生的学习兴趣。学生好奇地瞪大双眼的神情和按捺不住举手提问的热情，让我意识到第一堂课是成功的。在课堂的最后，我让他们写下自己的梦想，以及准备如何实现梦想。

我将四个班的"梦想"全部收上来，每一份都认真仔细地看，并且在最后写上鼓励的话。令我没想到的是，很多男生的梦想都是打电竞。对这个行业不太了解的我去找了很多资料，给他们仔细地讲电竞行业的现状以及激烈的竞争，目的是想让他们明白，这不是一条可以轻轻松松就能成功的道路，更不是懒惰的借口。当然更多的学生还是畅想有个美好的未来。

我支教的学校师资力量严重缺乏，所以教学任务比较繁重，教学工作分配也是按照"哪里需要补哪里"的原则，最终，我这个理科生被分配到初中一年级教地理。刚接到教学任务的时候，我还有点慌张，后来通过不断地学习、备课、试讲，我也能在课堂上做到游刃有余了。

教育的秘诀就是真爱。在教学过程中，我发现学生上课很难集中注意力，布置的课后作业，要么不做，要么抄答案，能自己完成的学生寥寥无几。针对这种情况，我制定了严格的课堂守则，并且坚持每周收作业和批改，对于不完成作业的同学，采取谈话、反映给班主任、联系家长等一系列措施，慢慢地，学生开始有了学习的样子。

由于条件有限，很多学生对于县城之外的世界并不了解，十三四岁的孩子又总是充满好奇心。所以在课间的时候，我总是会留在教室里，解答学生们的问题，满足他们的好奇心，鼓励他们好好学习，考上大学，以后去见识一下外面的世界。

面对学习情况不乐观的学生，我经常会在课下为他们进行专项辅导，尽可能地为他们答疑解惑。同时，对班级里一些家庭条件不好的学生，我会经常为他们购置一些文具，为他们的学习尽一份力。

给我印象最深刻的一次是学生会的同学来我们班纳新，开始时学生们的眼神中都带有一丝不屑和嘲笑，甚至有人在嬉笑打闹。看到这种情形，我立即制止并且鼓励他们历练自己，学生这才认真起来，有些还报了名。最后学生会的同学出去的时候，带头的男生给我鞠了一躬，并且说："您是我上学以来见过的最令人尊敬的老师。"这一句话让我又欣喜又感动，同时我也在反思，是什么让这个只有一面之缘的学生对我说出这么深刻的话？可能正是因为他们缺少课本知识以外的教育。

课堂上带学生们
复习知识点

彝族新年期间，我收到学生的邀请去他们家乡过年，驱车三个多小时前往牛孔镇贵龙村进行了实地家访，实地体验到了传统的彝族新年和少数民族习俗，也通过调研了解到了学生家庭的实际情况，为后期的定点帮扶和慈善捐助打下了基础。

在这一年支教期间，我也有了较为显著的教学成果。由于地理学科教学成绩突出，学校多次安排我负责考试试卷的编写。为了更好地教学，我重点关注学生的心理状况和学习难点，经常对学生进行有针对性的辅导。此外，我还总结了初一上、下两册地理的复习知识点，并与其他老师分享，只为更好地帮助学生学习。

在扶贫实践方面，在红河州组织的社会实践活动中，我也成为带队老师之一。到达培训基地需要坐四个小时的车，在接下来为期一周的综合实践活动中，学生们体验到了正规的军事化管理，纪律性和自觉性得到提高。我与学生吃在一起、住在一起、玩在一起。在这个过程中，我更加了解学生的想法，也见到了他们接触新鲜事物时的喜悦，进一步拉近了与学生的距离，加深了和学生之间的情谊。

支教期间扶贫成果颇丰，我跟随中国海洋大学驻绿春定点帮扶干部多次前往扶贫一线进行调研工作，参观了铁皮石斛、茶叶、蜂蜜等农产品产业基地，为农户们的农产品生产、销售出谋划策。在中秋节和国庆节期间，我为当地农户拍摄了宣传海报，在微信朋友圈举行了扶贫产品特卖活动，销量可观，活动取得了圆满成功。

一年的不忘初心、不懈努力使我收获了喜人的成绩。我教的四个班在期中和期末考试中，均取得了平行班前四名的成绩，并且平均分也大幅超过其他班级。除了成绩之外，我还收获了难以割舍的师生情。在学校的最后一个月，教室里时不时有学生问："老师，你什么时候走？""老师，你还会回来吗？""老师，下次什么时候再见面？"……每次听到这些，我都要努力控制自己的情绪。就连平时总是很调皮，需要我特别"关照"的小男孩也眼含泪水地跟我说："老师，我会想你的。"学生给我留言最多的就是："老师，不要忘记我，常回来看看。"最后一节课的时候，我给每个学生准备了一些文具，学生在黑板上写下了满满的不舍，一张张的小纸条传递着师生间的情谊，泪水传达着内心的不舍。

这一年，我收获了一生都难以割舍的感情，有对中国共产党的正确领导和全面贯彻脱贫攻坚战略的崇敬之情，有对祖国大好河山特别是边境风光的热爱之情，有对学校的支持和学校老师们的关心照顾的感激之情，有与并肩作战的队友们的战友情。这些都将会激励我在今后的学习和工作中不断努力，不懈奋斗，为祖国的建设添砖加瓦。一年支教，一生支教，我会努力讲好绿春故事，在今后的人生中也要为祖国的边疆、为教育事业贡献一份力量。

纵有千古，横有八荒；前途似海，来日方长

李宗晏

李宗晏，山东淄博人，中国海洋大学第19届研究生支教团成员，2020年8月至2021年7月服务于云南绿春绿春县第一中学。

有人说，人的一生需要历练；有人说，人的一生需要经历。支教这一年让我对人生的意义有了全新的理解。回首过去这一年的支教生活，记忆犹新，收获满满，一年时间不长，但足以令我终生铭记于心。

来绿春之前，我了解到每年的11月这里都会举办规模宏大的长街宴，宴席直接摆满整条绿春街道，遗憾的是，当时由于疫情防控的原因，绿春的长街宴被取消了。但是我有幸被一位学生邀请前往她的家乡，进行了一次实地家访，过了一次传统的彝族新年。在这次家访过程中，我了解到了很多彝族习俗，品尝到了很多彝族的特色美食，这是我第一次参加少数民族地区的传统节日。在与彝族乡亲们的交流中，我了解到了他们村的历史以及近些年的发展。其中，乡亲们特别强调了国家脱贫攻坚工作，他们说，正是因为国家和扶贫干部们的努力，他们才真正地富了起来，过上了好日子。

支教这一年也是我收获极大的一年。我有幸学习了张桂梅校长的先进事迹，了解到华坪女子高中的由来，我深受启发，也深深震撼于张桂梅校长的伟大。在课堂上，我曾经给孩子们分享过华坪女子高中的誓词：

"我生来就是高山而非溪流，我欲于群峰之巅俯视平庸的沟壑。我生来就是人杰而非草芥，我站在伟人之肩蔑视卑微的懦夫。"

我用这段话勉励学生一定要志存高远、勤奋努力、孜孜不倦，既然选择了远方，便只顾风雨兼程。作为一名教师，我认为我们应该为耕种者育土，为行远者铺路，为引领者淬火，为攀登者竖梯。支教这一年，我既是老师，也是引路人和铺路人，在教学生知识的同时，也引导他们走上一条正确的道路，让他们的努力有方向、有意义。

难忘的集体大合影

与学生的合影

支教日记

姜明择

姜明择，山东济南人，中国海洋大学第 20 届研究生支教团成员，2021 年 8 月至 2022 年 7 月服务于贵州省遵义市播州区乌江中学。

十载之约，共赴山海

　　我们要去一个贫困学生的家里家访，这是确定资助对象工作的重要一环，也是最后一环。虽然在此之前，我们已经在综合考虑贫困户名单、期中考试排名和班主任意见后，初步圈定了人选，但在联系爱心人士正式发放现金资助之前，亲眼看看学生家里的情况还是有必要的。不过，我万万没想到，路会这么难走，终于熬到下车、站到地上的那一刻，我感觉整个人都要散架了。

　　我们所在的是一个叫核桃村的小山村，这个名字来源于村里的一棵大核桃树。走过核桃树，便到了我们要探访的学生家，家中一排白墙灰瓦的平房面向农田，房前的地上整齐地排放着蜂箱。一个头发花白、略微驼背的中年男人出来迎接我们，并和一同与我们前来的班主任热情地攀谈了起来。听他们谈话，我了解到这位是学生的父亲，而班主任也不是第一次来他们家里了，两人聊家常的样子就像一家人。

　　屋子里有些昏暗，但十分整洁，墙上贴满奖状。一个老人躺在火炉前的沙发上，见到班主任进屋，他也高兴地坐起身来。老人是学生的祖父，因为患有多种慢性病常年卧床。为了赡养老人，学生的父母不能去远处打工，只能就近找些零工换取微薄的报酬。家中也养殖蜜蜂、种植橘子补贴家用，可最近市场行情不好。

　　虽然家里这样困难，两个孩子却都很争气。女儿已经考上大学，儿子的成绩则稳居年级前十。但两个孩子的学费加上老人的医药费支出，却使全家经济处于入不敷出的状态。

学生家的奖状照片

　　我们坐在屋里谈论着这些事情，老人有些耳背，时而大声地插上一句，但基本跟不上我们的对话。学生的父亲拿出自家产的蜂蜜和橘子招待我们，这些东西那么甜，好像要让人忘记生活的苦。

　　这就是资助工作中的一次家访，像这样的家访我们做了五六次，每一家都有不同的困难，每一家都是一样地艰难前行。有的家庭里孩子很多，却只靠单亲打工维持生计；有的家庭父亲出车祸落下残疾，只能靠母亲一人支撑开支……但无论面对着怎样的困难，他们讲述这些困难时语气都很平静、很乐观，我想那是因为他们始终坚信美好生活就在前方。

　　这些家庭的孩子，虽然生在大山，虽然很多人还没见过山外面的世界，但是他们从未向命运认输。他们也许基础不好，但不会轻言放弃，更不会甘于平庸。当我们和他们谈论梦想时，总会感到惊讶——他们中有人想成为艺术家、想当宇航员、想解决科学难题……他们就像一群雏鸟，锲而不舍地用书和笔构筑着双翼，为飞上云霄做着准备。而如果我们能成为助力他们起飞的风，那就值得我们为之付出全部努力。

　　以上这些其实也只是资助工作的一个方面，支教团在与这所中学合作的12年里，联系到的各类资助捐赠，包括学生公寓、桌椅、校服、图书等，都为学校办学条件的改善做出了重要贡献。

　　回首过去，12年风雨同行与山海情深；展望未来，山海之间一定能谱写出更为动人的篇章。我们也真诚期待能有更多爱心力量汇聚到每个处于困境的学生周围，帮助他们实现自己的梦想！

家访照片（从左到右依次为班主任老师、学生父亲、笔者）

教学相长

一

教学心语

一

西藏支教感悟

李三鹏

李三鹏，湖南娄底人，中国海洋大学第 14 届研究生支教团成员，2015 年 8 月至 2016 年 7 月服务于西藏拉萨市西藏职业技术学院。

　　记得在参加支教团的选拔面试时，我说过这样一句话："我是从农村走出来的，能深刻地体会到教育带来的改变，我也非常希望给支教地的学生带去这样的改变。"这是真心话，我时常会问自己，我还能为学生做点什么？一晃一年的支教生活已经过去大半，我想，自己身上发生的改变可能比我带来的改变更多。

　　来支教地之前，我经常会兴奋地想会遇到什么样的学生，会有什么样的故事，我充满了期待。作为中国海洋大学第 14 届支教团的一员，2015 年夏天我来到了支教地点——西藏职业技术学院。这是一所大专学校，几乎具备内地高校所必备的全部硬件设施：多媒体教室、机房、实训室等。根据专业，我被分配在了西藏职业技术学院的建筑工程学院。教学上，我负责教学院 2014 级建筑工程技术班和 2014 级建筑工程管理班的专业课"工程力学"，另外还要教 2015 级建筑工程管理班的 1 班和 2 班的专业课"建设工程法规及相关知识"。四个班 180 人，除了三个汉族学生外，其余全部是藏族和门巴族等其他民族的藏区本地人。学校是我了解当地学生和教育的一个重要窗口。开学没多久，我对学生的期待就变成了惊讶。

　　第一个令我惊讶的是学生基础之差。差到了什么地步？在"工程力学"专业课上，我在讲课时问"已知圆的直径，如何求圆的面积"，结果全班 40 多个学生都不会。第二天，我还拿这个问题去问了同样上这门课的另外一个班，居然也是全班都不会。我查了下这个题目，是内地小学六年级的题目。我认为这样的问题是在建筑工程工作中需要了解的最基础的知识。更令我惊讶的是，我在期末复习时再次问全班学生，依然有部分学生无法正确回答。给他们布置讲解过的题目作为课后作业，结果全班都交一样的作业，可见抄袭问题的严重。当我要求全班当堂完成习题并交上来的时候，发现他们竟然都不会。

第二个令我惊讶的是学生心理成熟程度之低。各班学生都喜欢隐藏在人群中起哄，很少会独立、明确地表达意见。课堂上学生们一起回答时声音洪亮、积极踊跃、一起起哄，想在课间看电影的时候也是；单独让学生回答问题时，答对答错且不说，声音完全听不见，甚至直接不说话。在校园里遇到我时，几个学生一起碰到我，会高兴地和我打招呼，而单个学生碰到时很少会和我交流。有的学生对尊严缺乏正确的理解，表达喜欢和讨厌的方式也简单、淳朴。他知道你是为他好，他就听你的，而这个"好"，通常就是指通过期末考试、顺利毕业、考上公务员或者找到好的工作等。他们在课堂上甚至生活中体现出的独立意识都很薄弱。

为什么会这样呢？带着这样的疑问，我更加积极主动地走近学生。为了走近学生，我在开学之初便给自己取了个藏族名字叫"桑杰"，取其"净化"或"净除"的寓意，学生也更多叫我桑杰老师，估计很多学生都不知道我的汉语名字。为了走入学生群体，我在课堂上和课后经常喜欢和学生说说"闲话"，甚至去学生家里家访。我逐渐了解到，有的学生家长把孩子接受教育排在家务活儿之后，为了放牛或者做家务活儿可以不去学习，甚至有的家长让孩子去上学是因为当地政府要取消违反义务教育法家庭的各类补助。好几位学生告诉我他们是到四年级后才按时到校，在这之前有时是在给家里干活儿，有时是和小伙伴跑山上去玩儿了。在林周县家访时我见到的一位父亲是位难得的开明家长，他告诉我他没有听家里很多亲戚让孩子别读书、回家放牛的建议，而是坚持让孩子上学，他的女儿也在上高中并且要考大学。在我们看来理所当然的事情，在这里需要家长下很大的决心。

教育的意义也许正是促进学生成长，让学生从不会到会，从幼稚到成熟。

很长时间里我都在思考：我还能干什么？我应该怎么做？当地学生来西藏职业技术学院读书，大多数人的目标是可以顺利毕业，获得考公务员的资格，然后考上公务员获得稳定的工作。我便分析求职形势，告诉大家前几年招聘名额多，现在公务员系统已逐渐饱和，招聘名额也会逐渐减少，而学好专业是一个非常好的出路。

"工程力学"是建筑行业的核心专业课，我会将课程内容与实际应用结合起来，比如目前讲的知识点在工程中会有哪些具体运用、二级建造师考试相关内容。

对于学生基础差的问题，我想如果放在 10 年、20 年以前，除了改善基础教育，从小学到中学再到现在大学一点点地提高基础之外，几乎是没有解决办法的。但是今天有一定的希望，办法就在于互联网！来拉萨之后，我发现街上很多小餐馆和面馆都提供免费 wifi，学生也是人手一部智能手机，学校里的机房以及外面的网吧都和内地没有什么两样。然而，这里的大二学生不会用手机浏览器查资料，不会在手机上看文档，聊天会发表情、图片但不会发附件。我看了其中一个学生手机上的应用软件，然后就更确信他们只会用手机打电话、聊微信、玩游戏、听歌、看视频和逛淘宝！

但是换个角度来看，只要利用好互联网，西藏教育发展的潜力是巨大的。我的亲身经历让我有信心得出这个结论。于是，我经常教学生使用网络工具，甚至在课堂上一起查找某个问题的答案。为了锻炼学生的表达能力和使用计算机的能力，我布置小组作业并要求制作 PPT 进行汇报。开始时异常艰难，本来已经上过计算机课了，但他们说都忘记了，于是我从零开始教他们，最后学生汇报的时候竟然直接在编辑模式下开始讲解，原来我当时忘记教学生怎么播放 PPT 了。针对毕业班，我又进一步教大家制作简历，后来，他们也有了明显的进步。

支教到现在，我发现自己虽没带来多少改变，但自己倒收获了不少！无论原来自己想象的支教生活是怎样的，我都很珍惜和感激现在的经历与生活。我也再次告诉自己：不忘初心，方得始终！

和风细雨地发火

李馥孜

李馥孜，山东滨州人，中国海洋大学第 15 届研究生支教团成员，2016 年 8 月至 2017 年 7 月服务于西藏拉萨市西藏职业技术学院。

旅行社管理 2 班是我带的三个班中英语基础最好的班级，授课体验极佳，但这群学生惹恼了我两次。

一次是抄袭事件。因为这个班英语基础好，所以在布置与其他班相同的课后作业的同时，我会另外布置选做作业来夯实和提升教学内容。

第一次批改作业，我发现 43 名学生里竟然有 35 名做了选做作业，这对于一个刚走上讲台一周的新老师而言无疑是强心剂。然而，批改作业时我发现，一半以上学生的答案及拼写错误高度一致，我不得不接受即使多次严肃强调，他们依旧明知故犯而抄袭作业的事实。

我头脑发热地在每个人的作业上写下了"抄袭"两个大字。难过、愤怒、失望、无奈、泄气……百感交集了整个下午，甚至晚上跟爸妈视频时讲述整个过程还抑制不住气得浑身发抖。爸妈听完后完全没有像我想象中的那样与我"同仇敌忾"，而是心平气和地说："或许他们出于喜欢你、尊重你、把你的话放在心上的目的，想用这种方式表达对你的喜欢呢？不管是否出于这个原因，你这样的处理方式都会对他们造成伤害。"

冷静下来细想后，我决定相信他们。于是第二天早上到办公室后又翻开他们的作业本，把"抄袭"改成了"抄袭是不对的""抄袭不可取""要独立思考完成

着藏装与旅行社管理2班合影

作业，不要抄袭哦""可以相互交流借鉴，但不可以抄袭啊"等。

课上，我也非常郑重地讲起了这件事，语调平和、语气平静地叙述了我整个起伏的心路历程，邀请他们一起体验我的欣喜、愤怒、难过和理解，全程像是在讲述别人的故事，尽量不提起"抄袭"这个字眼，竭尽全力保护好他们的自尊心。

讲台下的孩子们逐渐都耷拉下了小脑瓜，后来悄悄发微信或者在作业本上道了歉，彼此心照不宣地翻篇，也再没有出现类似的现象。

另一次是听写事件。下学期刚开学，让三个班的学生各自写了小纸条给我提建议。这个班比较共性的建议是"丰富课堂教学形式"，于是承诺他们完成一定的教学任务后如果还有时间就给他们放英文电影。

某周第一次课就非常顺利且迅速地完成了当周的教学任务，临下课时学生们闹腾着要在这周第二次课时看电影。考虑到可以尝试用这种方式激励他们高效学自习，为进一步激发他们对英语的兴趣，我对他们说："好好准备下节课的听写，听写完就看电影。"他们兴奋地满口答应。

第二节课听写结束后，他们如愿以偿地看了电影《爱宠大机密》，我站在讲台旁批改听写。起初我认为这次听写内容是平时的一半、难度适中，肯定很快就能批改完，结果连批带改、登记分数加分析成绩，愣是用了近两节课，一半以上的时间都用来平复心情。我从看到第一张听写纸就开始怒火中烧：很明显，他们课下完全没有认真准备。看着他们伴随着剧情咧嘴仰头大笑，我无数次想冲上讲台把电影关掉，质问他们为什么听写得这么差，但还是压下怒火直到电影放完。

我走上讲台，心平气和地问："为什么我遵守了放电影的承诺，你们却没有遵守好好准备听写的承诺？"我耐心解释了给他们放电影的初衷，表达了伤心难过的心情，也讲述了我的愤怒。平心静气讲述的 10 分钟内，他们都低着头不出声也不乱动，偶尔有几个人抬起头来观察我的状态，眼里都带着歉意和愧疚，然后又默默把头低下，自始至终都没有不服气或不耐烦。

下节课我又重新听写，结果喜人。

回头想想，如果一开始我冲动地把电影关了，或者待电影结束对他们进行一顿劈头盖脸的批评，极有可能引起全班的不满甚至反抗，毕竟当时大家都在兴头上，用一种高温的情绪和激烈的方式给他们强制降温，只会适得其反。但如果先

教学相长 —— 教学心语

临别前与旅行管理 2 班"过林卡"

把自己的温度降下来，他们就会自然地跟着把温度降得更低，也自然可以接受我的思路并认识到自己的错误。

临别前，我被这个班的学生约着一起去罗布林卡"过林卡"送行，班长说，"老师，旅行管理2班永远是您的家"，还主动提起了这两件事，大家看着彼此哈哈笑着。如果在电影故事里，我想下一个镜头应该是广阔的天空和往事的快速回放。

所谓"支教一年，自教一生"，以上两个故事不仅在那时让我避免了两场冲突和失控的局面，也对我性格的塑造和处事方法的养成都产生了深远影响，我也愈发意识到有效沟通、换位思考和平等尊重在人际交往中的必要性。

有时候，和风细雨要比狂风暴雨更有效。

持学习之心，尽师者之力

杨天恩

杨天恩，河北保定人，中国海洋大学第 17 届研究生支教团成员，2018 年 8 月至 2019 年 7 月服务于西藏拉萨市西藏职业技术学院。

教学相长 —— 教学心语

2018 年 7 月到 2019 年 7 月，我有幸作为中国海洋大学第 17 届研究生支教团西藏服务队的一员，在西藏职业技术学院进行了为期一年的支教工作，这一年的支教经历让我感触很深，收获满满。

每个学生身上都藏着"宝藏"。与学生的相处永远是一个老师最幸福的事，在这一年里，我教了 4 个班级、5 门专业课，还在学生管理科工作，经常与学生会、社联、各个社团接触，会教他们专业知识，也会指导他们举办社团活动。

支教地的学生大部分是藏族，与内地的学生有所不同，他们的母语是藏语，汉语基础比较差，所以，在上课和日常交流过程中可能会出现困难。也由于他们的汉语能力差，大部分藏族孩子不够自信，羞涩内敛，不懂得表达。为了提升他们的自信心，让他们敢于交流、敢于表达，我在课上课下都放慢自己的语速，用比较简单的话和他们交流；在课上用加分的方式鼓励他们发言，课下举办辩论赛、演讲比赛、朗诵比赛、合唱比赛等一系列活动，还为部分学生干部讲授了写作专题课程，希望能通过这些方法来不断提高他们的汉语语言文字能力，增强他们的自信心，让他们能够积极快乐地成长。正是通过这些课程与活动，我对这些藏族学生有了更深的了解，我也慢慢发现，他们身上的很多闪光点和美好品质，等着我们这些老师去发掘。迎新晚会上的一个个节目，让我看到舞台下沉默寡言的他

迎新晚会

们原来各个都身怀绝技、唱跳俱佳；辩论赛取得全校第二名的好成绩，让我看到只要经过准备和练习，他们也能有很好的语言能力和逻辑思维；课下和他们的交流让我看到他们也有自己的想法和目标，有自己的追求，并且很多人都在为实现自己的梦想而努力着……能够看到学生的成长，并且能在他们成长的路上提供力所能及的帮助，我想这是我身为一个支教老师最大的收获。

在这一年里，除了支教工作外，我还参与了两个志愿服务项目——"当日光城遇上海洋"海洋文化系列宣传活动和"面朝海大，花开西藏"系列活动，两个项目分别获得全国青年志愿服务优秀项目和第四届全国青年志愿服务大赛铜奖。两个志愿服务项目都是由中国海洋大学支教团西藏服务队的学长学姐发起的，在项目的进行过程中，我真切感受到了当地孩子们对于外面世界的向往。2018 年夏天的海洋之旅活动给我的感触尤其深。当时，支教团的学长学姐在西藏职业技术学院全校范围内选拔了七名品学兼优的学生，带他们乘火车来到青岛，带他们看看外面的世界。而我们作为新一届支教团的成员，负责在青岛带领他们参观游玩。几天时间里，这些学生看到了太多美丽的景色、新鲜的事物，第一次见到大海的他们，开心得都顾不得和我们说话，一路跑到海边，肆意地拍照、玩耍。看完中国海洋大学的毕业晚会，他们都激动地对我说，从来没看过这么好的晚会，

"海洋之旅"赴青岛学习交流活动

真的太感谢我们了。从他们身上，我看到的是对于外面的世界的向往，他们是多么珍惜这一次走出青藏高原，到外面的世界来看一看的机会啊。我想，身为支教老师，要做的，不仅仅是教书而已，我们对于他们而言，就是外面的世界的窗户，是与青藏高原以外的世界接触的桥梁，我们要带给他们的是更多地接触外面世界的机会，而这个机会，对于这些成长在青藏高原偏远农牧区的学生来说，无比珍贵。

保持学习的心态才能不断进步。这一年的时间里，我做得最多的事情是学习。从学生转变为老师，来到一片陌生的土地、一个陌生的学校，甚至我负责讲授的机电专业课程，对我来说也是完全陌生的课程。因此，到了支教地，一切都要从零开始，这个过程中，要学习的知识有太多太多，学习专业课程，学习用什么样的方式方法与这边的藏族学生交流，学习适应支教地的工作方式，学习如何组织活动……这个过程并不轻松，但也不枯燥，与学生的相处、与身边老师的交流甚至每次上课、开会，都是我学习的机会。我现在还清楚地记得刚来的时候备课到凌晨两点，记得辩论赛上学生取得好成绩后的笑脸，记得办完迎新晚会之后学生们对我说的一句句"老师，你辛苦了"，这都是我的珍贵收获。希望我未来也能保持支教时的学习心态，从点滴之中不断进步。

"支教一年，自教一生。"这一段难忘的支教经历，给了我太多感受、太多回忆，以至于下笔之时总觉词不达意。这一年只是漫漫人生路中的一小段，但它带给我的收获，是让我终身受益的，这一年的经历将永远在我的回忆里闪闪发光。

最后一堂课与学生的合照

— 廿载之约，共赴山海 —

支教手记
——所有的遇见都值得被铭记和珍藏

刘琨

刘琨，山东临沂人，中国海洋大学第 17 届研究生支教团成员，2018 年 8 月至 2019 年 7 月服务于贵州德江县煎茶中学。

教学相长 —— 教学心语 ——

坐在电脑前敲下这些文字时，距离支教结束已经三年了，可那些在贵州度过的日日夜夜和学生们那一张张鲜活的笑脸，在我的脑海中还是那样清晰，好像推开门提起书包，我又要赶去教室给学生们上课了。

初见煎茶是在 2018 年 8 月，那时我们的支教生活刚刚开始。带着家人和师长殷切的希望和嘱托，带着对新环境的好奇和对教学工作的忐忑，在贵阳集合后，我们"五小只"坐上了前往煎茶镇的大巴车。县团委的车把我们送到煎茶中学门口后，迎接我们的是学校团委的李老师。一顿赤水豆腐火锅吃下来，从未尝过的贵州美味刺激着我的味蕾，让我先入为主地爱上了这里，李老师的热情也让我渐渐消除了初来乍到的陌生感。当晚，我们拍下了一行五人的第一张合照。身在异乡，我们成为最亲近的朋友和亲人。在收拾干净住处并打扫好办公室后，我便买来教案，看着前辈们留下的资料备起了课，从未真正站上过讲台，要做足准备才行。

终于开学了，第一节晚自习学生叽叽喳喳吵翻天的样子，让我意识到现实和想象的差距。第二天正式踏上讲台介绍自己并开始讲课时，我紧张得不行，生怕自己哪里说错了。但我发现，我紧张的时候学生也会跟着不知所措，看着他们亮晶晶的眼睛里满是真诚，我渐渐地放松下来。一节课下来效果倒也不错，可学生的基础让我大跌眼镜，歪歪扭扭的错别字、夹杂着方言的造句、自编自创的拼音

支教课堂

让我哭笑不得，看来这一年刘老师任重而道远啊……

教书育人不仅仅是传授知识的过程，也是我和他们共同成长的机会。随着对学生学习情况的深入了解，我不得不将之前写下的教案全部推翻，开始针对基础知识进行重点教学。每天听写字词，每周写一篇周记，不仅可以巩固基础，也能让我从周记的只言片语中更了解他们的内心世界。周记里孩子们写下对在外打工的父母的思念和埋怨，希望他们可以多回家陪陪自己；周记里孩子们写下对未来的迷茫和憧憬，希望自己以后可以成为一个有出息的人；周记里孩子们写下对自己所犯错误的愧疚和抱歉，希望得到宽恕和原谅……课上我是他们的刘老师，教他们语文学科的相关知识，而在课下，我是他们的小树洞，每周的周记评语成了我和他们沟通的桥梁。我不知道这会在他们的成长过程中起到什么作用，但至少在他们需要关注而父母不在身边的时候，我在他们身旁，尽自己的力量给他们帮助，这就足够了。

教书之余，我们也在积极开展志愿服务和资助工作，我们在旅游发展大会上担任讲解员，挑战背下几万字的讲解词并随车讲解。我们下乡走访周边小学，用资助款购买了学习文具并发放给每个学生。我们在全校范围内和被资助的孩子一一面谈，周末去学生家中深入了解情况，与资助人一对一沟通对接，积极为遇到困难的学生寻找资助人。在这一过程中，山路的颠簸晃得人头晕眼花，主要负责这项工作的月娇熬红了眼，还要整理出所有学生的资料档案，一趟趟去班里核对情况。我也在和资助人的对接中一次次被学生的质朴纯真和资助人的大爱感动

与德江的学生们

着，他们虽然没有血缘关系、相隔千里，却因为资助这一善举结成了亲密的"家人"，而我们在这一过程中也找到了支教工作另外的意义。

在支教的这一年里，我们也成长了许多。从开始被学生的学习成绩和态度气到变形甚至怀疑人生，再到平静下来不断尝试新的教学方法；从生怕不能填满一节课45分钟的课时再到可以站在讲台上淡定自如地侃侃而谈，我终于成长为一名像模像样的语文老师，而学生也在学习中不断进步着。和我们渐渐熟络起来的他们展现出不同的精神面貌：课上不用点名也知道主动举手回答问题；课下有事没事经常往办公室跑；路上遇见也不再扭头就跑，而是迎上来热情地喊一声"老师好"。第一次以老师的身份过教师节，学生那一声声"老师，节日快乐""老师，您辛苦了"让我觉得平日里为他们成绩生过的气都烟消云散了。

与他们接触最深的，就是"五四"汇演排练诗歌朗诵的时候了。从选诗歌、选领诵，再到学手语舞、剪辑配乐、买道具，我经常在办公室像着了魔一样自言自语；课余我们挤出时间一遍遍练习，一遍遍纠正动作和普通话，有笑有泪。到了上场比赛的那一刻，看着他们在台上认真的样子，我竟有一种精心浇灌的小草终于开花了的喜悦和激动，恨不得当场落泪。最后我们的节目获得了一等奖，他们高兴坏了，捧着奖状一遍遍向我炫耀，我也兑现了承诺，给全班都买了小礼物。其实，不善组织的我也是第一次挑大梁，完成了以前看来不可能完成的工作任务，我想，这也是我人生中最棒的经历之一了！这群"磨人"的小孩子啊，虽然平日里调皮捣蛋，却总能在日常生活中给你不经意的感动和惊喜，让我不禁感叹成长和缘分的奇妙。

一年的时光很长，长到让我收获了足以珍藏一生的回忆；一年的时光很短，短到还来不及与你们再多相处就已经到了分别的时候。虽然早就说过我只能教你们一年，但真的到了最后一节课，看着你们不舍的眼神和桌上一封封写给我的信，泪腺发达的我只能强忍着泪水故作微笑，我说我们要笑着说再见，我说想我了可以在 QQ 上找我聊天，我说遇到困难了记得有我这个语文老师……有太多的话到了嘴边还没来得及说出口。其实我早已把你们当成了亲人，纵使相隔千里，从此心中多了一份责任与牵挂。老师希望你们都能好好学习，前程似锦，也期待着有机会能够再与你们相见。我也会带着这份难忘的记忆继续前行，不断成为更好的自己。我们都要加油呀！

与同学们合影

支教手记

王佳玥

王佳玥，新疆哈密人，中国海洋大学第18届研究生支教团成员，2019年8月至2020年7月服务于西藏自治区拉萨市西藏职业技术学院。

那是一个天气非常晴朗的周日下午，开完班主任会议之后，我怀着紧张忐忑的心情，跟在年级辅导员的后面走进了2018级市场营销班。现在回想起来，当时因为紧张，我记不起大家的脸上是什么表情了。辅导员做了简单的介绍之后，就把空间留给了我。自我介绍之后，为了活跃气氛，我问大家暑假都是怎么过的，有没有去哪里玩，很多同学在下面踊跃地说："老师，我们都在家干农活儿呢！"我有一瞬间的难过——为自己的不了解情况而难过，但是看到他们脸上明朗的笑容，又觉得心疼。比起志愿者的身份，他们似乎对我是一个新疆人更感兴趣，毕竟都在祖国的大西部，地缘上让他们觉得更亲切吧。在得知我是汉族之后他们的失望又让我失笑，原来的拘谨和紧张也在这样的交谈中烟消云散了。后来基本上每周的周日和我值班的周二，我都会去班里开个小班会或者随便和大家聊几句最近的生活，但印象最深刻的依然是初见时眼睛亮晶晶的他们。

虽然和大家只差了两到四岁，但身份的不同还是让我觉得他们就是一群小朋友，经常"小弟弟""小妹妹"地叫他们。其中有几个人的情况，让我或心疼，或感慨。支教的过程，是和他们变成朋友的过程，也是和他们互相学习的过程。

班里有两个"边巴"，为了便于区分，同学们在大一入学的时候就按照学号叫，学号在前的是"大边巴"，学号在后的是"小边巴"，这次要说的，是大边巴的故事。10 月份的时候，我们班举办了一次双语角活动，一开始我很担心活动效果，因为大部分学生比较害羞，不愿意主动发言，但整场活动下来，学生们动了真感情，大家都希望能够继续开展这样的活动，我也对很多学生有了新的认识，特别是学委大边巴。之前对她的印象就是一个腼腆、文静、爱看书的小姑娘，通过活动我发现她是一个坚强、乐观、有坚定目标的小女孩。上大学的时候她考虑到农忙，拒绝了爸爸要送她的要求，一个人背着行囊来报到，来到这边也努力自食其力，课余时间去做兼职或者去图书馆看书，过得充实忙碌又幸福。她常常挂在脸上的笑容也感染了我，让我觉得自己还有很多需要改进的地方，应该学习她的坚强，学习她的乐观，学习她的忙碌和充实。

专项助学金一个班只有一个名额，并且报上去还要筛选。我咨询了班委和班里贫困生评议小组的同学，大家一致同意让大边巴申请。我告诉她因为名额有限，可能她报上去也不会被选中，原本我说这话的时候很小心翼翼，怕她难过，没想到她特别真诚地说："没问题老师，我心态很好的，如果有人比我更需要那个资助，我也希望他们可以得到，我现在业余时间有兼职，有能力吃三顿饭了，所以那个资助我拿不拿不重要啦。"这句"有能力吃三顿饭"真是让我差点掉下眼泪，为她在窘境中的乐观，为她的坚毅。最终，因她的优异表现，助学金她申请上了，

2019 年 8 月 11 日
第一次班会

2019年教师节我和学生们在操场合影

之后还有其他的助学金她也都申请到了，这是我特别开心的事。

拉加是我来到班里第一个认识并记住的学生，没什么特别的原因，因为他是班长。一开始当班主任时，不知所措的我反而要向他求助，我们班所有的学生都很佩服他，哪怕是最调皮的几个男生，都服从他的管理，这给我一开始的工作减轻了不少压力。一年下来，他依然还是和初见时一样沉稳，一样热爱篮球。他汉语不太好，但是"好的，老师""没问题，老师""保证完成任务，老师"这几句他总能说得标准又俏皮。所有班级任务只要我派给他，他都拍着胸脯保证完成。临走之前的晚自习下课，我和学生一起走，拉加说了句："一年好快呀，老师你也长大了！"我笑着说："是呀，在你们几个班干部的帮助和'培养'下我变成一个还算合格的班主任啦！"他也憨厚地笑起来。他是老师心中的优秀班干部，学生心中敬佩的班长，篮球队队员心中永远的最佳球员。前段时间CUBA，我还发给他现场的视频，正在实习的他充满羡慕。现在，临近毕业的他已经在一家咖啡馆实习了，因为踏实肯干又认真好学，转正的机会很大。

在我还没有和大家熟悉的时候，前一任的志愿者班主任就已经提醒过我，这个尼玛扎西在班里是一个有点"刺头"的学生。我还没想好怎样"先发制人"就出事了，班长和尼玛扎西在班里差点打起来，盛怒之下还做出了班长职位让给尼扎来做的决定。副班长希望我能妥善处理这次冲突，我对这种突发情况很无措，思来想去还是打算以谈话为主。我先找了班长询问他的态度，班长倒觉得不是什么大事，可以让尼扎体验一下做班长并不是件容易事。而和尼扎谈话之前，我以为他会浑身戾气、不服管教，但他却是一脸忸怩地走到我面前，他还不知道我要问他什么事。他个子比我高，我还得仰着头和他说话。当我说明为什么叫他来之后，他更加不好意思了，让我很难把那天和班长扭打在一起的人和眼前这个羞涩紧张的男生联系到一起。我说，我也只是听了一面之词，具体那天到底发生了什么我无从得知，但是你做得对还是错我觉得你应该比我要明白，我不愿意因为这样一件事改变对你的看法，在我心里你就是一个比较内敛又爱笑的男孩子，我希望你可以保持这样的形象。全程我没有训斥他，只是和他聊天、谈心，他也始终带着不安又不好意思的笑容，一直回答"好的，老师"。我不知道谈完的效果如何，又让几个班委多关注他，后来每周只要有时间，我都会找这几个班委聊聊、多数时间就是简单地聊天，偶尔旁敲侧击地询问尼扎和班长的关系有没有缓和。好在大家都年轻，小打小闹过了依然是好朋友。后来从班长位置上退居二线的尼扎，也格外配合班长的工作，很多次班级集体活动都是他协助班长完成的，管理班级方面他也格外积极。再回想自己一开始苦恼怎么应对的场景，我不禁哑然失笑，明明是个很简单可爱的孩子啊。

从 2019 年 8 月 11 日至今，我和这群学生已经相识两年有余了，从支教结

2019 年 10 月双语角活动

束到现在，有一年多的时间没有见到他们了。这一年多，他们经历了毕业，经历了找工作的不易，有时看着他们的朋友圈，就会想起在那里时发生的点点滴滴，温暖又快乐。从我和他们变成"我们"的过程，有我自己的努力，但也有他们的接纳和包容。

2019 年 12 月 2 日班级舞蹈大赛

想念每个晚自习围在我办公桌旁叽叽喳喳的他们，大家热热闹闹好开心；想念在草坪上沐浴阳光的他们冲路过的我欢快招手的情景；想念每次查寝总要让我尝尝从家里带来的特产的他们；想念查完寝在我身后大喊"老师尼吉"（藏语"晚安"的意思）然后咯咯笑的他们。

2020 年 11 月，他们现在的班主任特意给我发了他们提前拍的毕业照片，我当时看到后真是五味杂陈。这群在我心中还懵懵懂懂的学生，已经先我一步踏入社会并准备在各行各业发光发热了。在研究生开学宣讲的时候，曾有大一的同学问我是什么支撑着我们度过了支教这一年，我愣了一下，回想到的画面都是这些充满欢笑和泪水的人和事。和他们一起的时光、快乐、充实、难忘，是他们的存在和支教的经历，点亮了我们的人生！

"小小"欢喜

王潇潇

王潇潇，山东青岛人，中国海洋大学第 18 届研究生支教团成员，2019 年 8 月至 2020 年 7 月服务于贵州省遵义市播州区乌江中学。

甘载之约，共赴山海

2019 年 8 月，我怀着忐忑又期待的心情来到乌江中学的情景还历历在目，转眼间，一年就结束了。当时的我稚嫩又青涩，迈向三尺讲台的那一刻，人生的新旅程也徐徐拉开了帷幕。第一次走进教室，看到学生们都一张张天真的脸庞和一双双清澈的眼睛，我便知道，我不会后悔自己的选择，支教会是我人生路上浓墨重彩的一笔。

初识是纯洁的白，学生的真诚坚定我心。

到达乌江中学的那天下午，天正蓝，阳光正好，微风不燥，我的心情也刚刚好。陌生的学校，随着开学季的到来又逐渐恢复了往日的欢声笑语。我和队友们背着行囊，拖着皮箱，在海大小屋楼下气喘吁吁。这时候，三名学生主动上前，提起我们的行李，帮忙提到楼上。

"同学，你叫什么名字呀？""……"

"同学，你们是提前来学校上课吗？""……"

"同学，那你们是哪个年级的啊？""初二。"

不善言辞的学生面对热情的老师，选择了沉默。楼上楼下辛苦帮忙，我们却只问出了他们的年级。十三四岁的男生，个头儿还没有我高，却默默搬着沉重的箱子。初识乌江中学的学生，他们未经世俗浸染的真诚和单纯，坚定了我的信心。

班级学生合照

我在心里对自己说："一定要好好把握这一年的时间，去做一件终生难忘的事！"

相熟是热情的红，前行的道路布满荆棘。

第一次走进教室的时候，我板着脸想给学生"立规矩"，希望来个"先下手为强"，让他们在接下来的学习生活中能乖乖听话。慢慢我发现，根本不需要装凶，大多数学生内向敏感，不善沟通。

我教的七年级2班有34名学生，几乎所有学生都是土生土长的农村儿童。他们从小都是用方言沟通，语言表达能力较弱。为了练好他们的发音，我一遍又一遍领读，纠正很多遍音调，学生才能记住并说出来。

第一次测验的时候，他们的成绩让我吃了一惊。满分150分，班级一半学生能考100多分，另外一半学生只能考50分。没有中间水平，只有两个极端。之后的课堂上，为了让基础薄弱的学生听懂，我尽可能讲得细致并严格检查作业，在教学上丝毫不敢放松要求。

班里有几名可爱的小女生，每周都会偷偷给我写小纸条，分享她们近期的喜

怒哀乐。最调皮的小男孩也会塞信给我，提醒我贵州的冬天很冷，一定要穿厚裤子。年级合唱比赛之前，他们一脸忐忑地让我检查训练成果，却会在开口的时候故意集体跑调，逗得我开怀大笑，之后拿着二等奖的奖状，自豪地跟我炫耀。校运会的时候，我们班男女生长跑是年级前三名，冲线后的第一件事，就是和激动的我击掌。拔河比赛时，为了给他们加油，我差一点吼破嗓子。和他们生活过的点点滴滴，我都记在心里。

校运会学生拔河照片

还记得刚到学校不久就是教师节，办公室里其他老师手上都拿着厚厚一叠学生自己做的教师节贺卡和礼物，我当时在想什么时候我也能收到这样朴实又饱含深情的礼物。晚自习的时候，一个女生迅速跑来办公室，给我塞了自己做的贺卡，我打开之后顿时心里一暖，上面写着："您是我最喜欢的老师，希望您一直开心。"正当我准备说些什么的时候，又有好几个学生塞给我纸条，花花绿绿的一叠。我仔细收好，知道这是学生对我的承诺和爱。我爱他们，同他们爱我一样。

课余生活中取得的每一个小勋章，都会让学生们欢呼雀跃。我无比庆幸他们每一次的笑脸我都记录下来。课堂上的他们或许略显拘谨，因为基础差而不敢开口，但是藏不住他们心中对知识的渴望。作为教师，我的责任就是传道授业解惑。

一分努力，一分收获。对我而言，学生的进步就是最大的收获。上课的时候，我能感受到学生的积极性越来越高，他们比之前更活跃，而且勇于举手说英语了。每一次考试后，都有学生来办公室，主动找我分析得失原因。看到他们在表彰大会上领奖，我会激动地在台下为他们拍照，恨不得全世界都知道这是令我骄傲的学生。作为老师，最欣慰的事情莫过于见证自己学生取得好成绩。

学生合照

学生成绩上的进步令我开心，思想上的进步也令我欣喜。在作文中，很多学生会表达出自己想继续求学、不畏艰辛的决心，他们有了走出山区的勇气。我在课堂上讲述的道理，他们都记在了心里，他们的进步就是我最大的收获。

聚散终有时，再见亦有期。一年的支教生活结束，乌江中学给了我强烈的归属感。学生上课的热情不断高涨，他们对外面的世界也充满了向往。希望他们，不忘初心，不懈奋斗，用知识让自己变强大，在更广阔的天空恣意翱翔。

我在课上是学生的老师，课下也是他们的朋友。为了更好地了解学生的学习环境，在生活和学习等方面给予学生更多的帮助，我们会对成绩优秀的困难学生进行家访。家访时，我们会以朋友的身份和学生聊天，也会询问他们喜欢吃的食物、喜欢玩的游戏、喜欢看的动画片。也许，改变就是从一点一滴开始的。家访过后，学生多会慢慢对我们敞开心扉，下课后也会用不太标准的普通话来办公室找我们聊天。也许我的到来并不能带来大的改变，但我希望用自己的知识和能力，用我的热情和爱心，让每一个学生都能珍惜校园时光，努力拼搏。

娜娜是给我印象最深的女孩之一。她很爱笑，考了好成绩会笑，考试失误会笑自己粗心，我们一起回家的路上她会笑着给我介绍家乡的风景，是一个乐观积极的女孩。我问她有没有梦想，她笑着跟我说："老师，我也想考好的大学。如果能上中国海洋大学就好了，以后的生活都会变好吧！"那一刻，我多希望每一个平凡的生命都能被幸运女神所眷顾。

许多学生都怀揣着梦想，只是还未找到前行的方向。我相信任何困难都阻挡不了他们的脚步，砥砺前进，终会看到蔚蓝色的天空。

人生就是一次次幸福的相聚，夹杂着一次次伤感的别离。我不是在最好的时光遇见了你们，而是遇见了你们，我才有了这段最好的时光。

教学以相长

付雪

付雪，山东泰安人，中国海洋大学第20届研究生支教团成员，2021年8月至2022年7月服务于云南省红河州绿春县绿春一中。

　　"妈妈，我还有两个多月就要回家了！""两个月不长，快了快了。等你回家给你做好吃的。"挂断了妈妈的电话，我才猛然发觉已经来绿春支教三个多月了。三个多月的时间，说短很短，短到和朋友拍毕业照、参加毕业典礼的场景仿佛就在昨天；但似乎又是一段很长的时间，在这段时间里我从学生变成了一名支教老师，经历了很多难忘的事情，而其中令我印象最深刻的就是与学生们的故事。

　　开学第一课，我们云南服务队全体成员讲的是"外面的世界"。我向学生介绍了我的大学，美丽的景色、完善的设施、先进的科技……所有学生都无比认真地听我讲解，我看到他们的眼睛在发着光，似乎在向我诉说他们对未来的期盼——他们也想去大山外面的世界看看。课下有学生来问我高考要考多少分才能上中国海洋大学，那一刻我深刻地认识到自己来支教的意义以及肩上的责任。

　　我教的是初一年级3个班的历史，学生是第一次接触历史这个科目，而我也是第一次做老师，甚至我的本科专业都不是与历史相关的，所以为了教好这个科目，我也一直在扩充自己的历史知识储备。而之后发生的事情让我知道了不断学习的必要性和重要性。有一个学生，因为大伯是历史老师，本身也对历史感兴趣，看了很多历史书籍，所以在我的课堂上，他一直是最活跃的一个。看着他在课堂上认真听讲的样子，作为教师，那是幸福感爆棚的时刻。他让我知道辛辛苦

115

苦备课是值得的，当然，仅仅是辛辛苦苦备课还是远远不够的。因为在第一堂课，他就把我问住了。当时是在讲解中国古代史的脉络，我简单地提了一下中国历史上著名的女皇帝武则天，然后他就举手提问："老师，武则天是怎么去世的呀？"我一时语塞，和他说老师也不太清楚，等下一节课再和他说，当然他也可以自己去查一下在下节课和大家一起分享。

这件事给了我一个警醒，要抓紧扩充自己的历史知识储备，不能"吃老本"，否则作为一名老师太不合格了。因为在他们的心里，老师是懂得很多甚至什么都会的，也正是因为这个原因才会尊重老师，听老师讲课。因此，我除了认真备课，也不断观看与历史有关的纪录片并阅读相关书籍等。除了他之外，还有一个学生也喜欢问问题，功夫不负有心人，每次"兵来将挡，水来土掩"，也算是有惊无险。

这只是这三个多月以来发生的一件小事，但让我记忆尤深。它让我了解到教学相长的真正含义，也让我深刻认识到支教的意义所在。在之后的时间里，我会不断学习，不仅学习历史知识，还要学习教育方面的知识，希望不辜负与学生相处的时间，尽全力帮助他们。

我的"救赎"

林世奇

林世奇，辽宁抚顺人，中国海洋大学第20届研究生支教团成员，2021年8月至2022年7月服务于云南省红河州绿春县绿春一中。

"啪"的一声，一个瓶子从教室后排砸到前面，骨碌碌地滚到讲台下，这是我的学生送给我的"见面礼"。那双犯了错的眼睛直直地盯着我，我从中看出了一丝害怕，还有一丝试探，没看出羞愧。我心里明白，他们想看看这个站在讲台上的陌生人的底线在哪儿。

我故作镇定地捡起瓶子，走到他身边递给他："想喝水就举手说，我会允许的。"他没有接："老师，其实我是扔给他的。"教室里响起一阵哄笑。我转过身，顺着他手指的方向走去："你渴了？"这个男孩显然被突然传来的球打了个措手不及，好在他很配合地接过瓶子喝了一口，才不至于让双方都下不来台。

回到办公室，我一屁股坐下，舌头根酸酸的。这节课的效果可想而知，我的心中五味杂陈。

我是很热爱这份工作的。入选中国海洋大学第20届研究生支教团云南服务队的那天我激动得一宿没睡，好像第二天就要出发了似的，想着一定得教个"得意门生"出来。出发之前，亲朋好友对我说："到了那边你可得吃苦了！"面对他们的不舍和担心，早已下定决心的我大言不惭地填了一首《沁园春》。虽然文笔粗浅，但也表达了我的一番豪情壮志。可现实却跟我开了两次玩笑。

我所教的是绿春县第一中学初二的"地方性与学校课程"，这是云南省的特

色课程，学校也是第一年开设。当我拿到这本《云南历史文化探究》教材时一脸茫然，不只是因为陌生，更是因为它怎么看都不像个教材，更像是一本课外读物。这与我之前踌躇满志，觉得自己"能教语数外，兼通物化生，还懂政史地"的想法简直天差地别。

我尝试着主动和学生沟通，用他们的方式跟他们打招呼，可无论课上课下，依然得不到学生积极的回应。有个学生竟然无视我的主动，在我跟他挥手示意的时候把脸扭到一旁。

雨季没有晴天，我也一直没找到跟学生沟通的方法。那天去学校门口买早餐，突然想起那个无视我的学生在这家店帮过忙，可能是这家的孩子，于是我试探着问老板娘："您家孩子是在一中上学吗？"听我这么一问，老板娘立刻打开了话匣子："是啊，我们家三个孩子都在一中。您是老师吗？男孩子，调皮，不听话你就揍他……"第二天在走廊偶遇，他快步走到我面前，双脚立正，左手五指分开地给我敬了个他发明的"礼"。我顿时忍俊不禁，原来跟他们沟通的有效办法就是让他们体会到我对他们的关爱啊！跟他妈妈聊了两句，在他看来就是"老师在意我"。

渐渐摸清了学生的心思，上课也就轻松起来。那天讲"七擒孟获"，由于时间关系只讲了"五擒"。第二节课刚走上讲台，一个小男生指着我说："老师，你上节课差我们'二擒'，讲不完别想走！"我笑着说："放心吧，说'七擒'就是'七擒',不会欠你们的。"也许他们还不理解诸葛亮平定南中的意义,但是只要我埋下了这颗热爱历史的种子,随着他们年龄的增长,等到条件适宜的那天,它自然会长成参天大树。我很庆幸我做的一切都有意义,我想这也是支教的意义吧!

　　绿春的雨季结束了,我在天台欣赏着久违的夕阳,终于完成了自我的"救赎"。

成员合照

支教，是在心中种下希望的种子

陈昌昀

陈昌昀，重庆合川人，中国海洋大学第 12 届研究生支教团成员，2013 年 8 月至 2014 年 7 月服务于西藏拉萨市西藏职业技术学院。

用一年不长的时间，做一件终生难忘的事，这是每个支教团成员的信念，也是我支教生涯的指引。2013 年 7 月，我与中国海洋大学支教团西藏服务队的小伙伴们一起踏上了雪域高原，在这里与来自清华大学、西安交通大学、中央财经大学的志愿者相识共事，一起度过了难忘的支教生活。

支教一年，自教一生。在支教初期，高原反应就给了大家一个"下马威"，只有亲身经历过的人才能深切地体会那种"痛苦"，缺氧导致的抵抗力下降、易疲劳或多或少地出现在每个人的身上，就连上楼梯都跟爬山一样，我们都笑称"原来自教一生从进入高原的那一刻已经开始了啊"。好在大家早有心理准备，一起互相鼓励、支持，共同度过了那段不适期。在支教之前，我本以为踏上讲台是最难的，但真正开始以后，我才知道如何在讲台上从容应对才是最难的。学生大多对课程无兴趣，老师在台上讲，一个班里有几个能听进去的学生就已经很不错了，大多数学生都处于"神游"状态。这也让我开始重新认识支教，育人必先育心。

为了更好地了解学生，我调整了授课节奏，多以互动性问题为引子，并插入一些之前校园生活中的小趣事来调节课堂气氛，同时在课间多与学生交流，了解他们对课程的想法。经过一段时间的努力以及多次课间交流，许多学生都向我敞开了心扉，我找到了之前问题的答案。

不是不想学，而是不会学。这里的学生，所处的教育环境与经济发达地区不同，无论是师资力量还是硬件水平都有差距，再加上高原环境的特殊性，使得许多学生的学习能力不高，对课堂上的知识掌握起来较为困难，加上语言等其他因素的影响，造成学生普遍厌学。用学生的话来说，我即便从早学到晚，也看不懂书上的字，那跟不看有什么区别呢？此时，我似乎也找到了支教的意义。一年的时间，我能教多少学生？他们又能学会多少东西？与其教会他们一本书，不如教会他们如何学习，也许在现阶段的收获是少的，但对这里的学生来说，授之以鱼不如授之以渔。于是在课堂上，我不再只专注于知识点的讲解，而是更多地引导学生进行思考，培养发散思维，带动他们开"脑洞"……同时，我发现这里的学生其实很单纯，他们的厌学，厌的是枯燥的授课方式，所以我也开始尝试在课堂上加入一些小幽默来调节气氛。慢慢地，学生本来微闭的眼睛开始睁开，再到后来充满了光彩，课堂也从开始我的"一人音"变成了大家的讲堂，有许多学生开始愿意在课堂上发表自己的看法和意见，即便答错了，我也会对他们的勇于发言和思考给予鼓励。

自从课堂发生变化以后，学生就开始不断带给我惊喜，从对课本的一无所知，到我讲课时已经完成本节内容的通读，再到许多学生开始向我提问课本之外的相关知识，我意识到，其实他们也有求知欲，他们也渴望更广阔的天地，只不过之前由于某些原因，他们将这扇门重重关上了，而我却阴差阳错地帮他们重新推开了。他们也需要倾诉，他们的声音也需要有人倾听。

鉴于以上情况，支教队的小伙伴们一起合作开设"认识海洋"选修课，将中国海洋大学元素和海洋科普知识带入我们的支教学校，从另一个角度帮助学生拓展视野。回校入职后，我又结合所在学院工作特色，开展"云端有信海上来"志愿服务项目，以书信交流的形式，搭建中国海洋大学学子与西藏学子之间的桥梁，引导更多的青年参与其中，共同倾听支教地学生的心声，帮助他们排忧解难，舒缓心理压力。同时，将更多的校园文化通过分享的形式传送到雪域高原，也让中国海洋大学学子看到不一样的大学生活。

支教不是一届支教团的任务，而是一届届支教团肩负的使命，这里面有传承，也有发展。在每位支教人的服务时光里，都会留下奉献的身影，他们也许不会被记住，但支教团这个群体却永远扎根在祖国最需要的地方，以其特有的方式，散发光芒，照亮服务地学生前进的路。

我与他们

师生情

支教日记

黄廷君

黄廷君，广西百色人，中国海洋大学第 12 届研究生支教团成员，2013 年 8 月至 2014 年 7 月服务于贵州德江县煎茶中学。

— 廿载之约，共赴山海 —

一年前的今天，我身处贵州，过了第一个属于自己的教师节。

一年后的今天，我回到青岛，开始人生的又一个新旅程。

几乎每天都会听到身边不同的同学感叹：时间过得可真快！尤其是回到校园里，仿佛本科毕业就在前不久。过去一年的经历，让无数身边的人好奇，我总被问道："为什么想去支教？支教感觉如何？"

我花了近两个月的假期去沉淀自己的思绪，尝试去描述这一年的支教是什么样子，但依然觉得自己无法用凝练的言语表述出来。反复思量后，得出一句：一年支教不凡路。是平凡的我，去经历了一场让自己热泪盈眶的成长洗礼。

思绪跳转到一年半之前，我和许多同学一起接受研究生支教团的面试。当时面对几位面试老师，我说自己一直有一个夙愿，希望自己可以去帮助西部地区的孩子，就像成长过程中我曾经得到过许多人的关心和帮助一样。我最终通过了面试，当启程的时刻来临，带着对这份机遇的珍惜，我出发了。

之前听说贵州"天无三日晴，地无三里平，人无三分银"，其实它也在非常努力地追赶着全国的脚步。我是从山区里走出来的孩子，很幸运能用一年的时间去反观和自己曾经的成长环境相似的地方。

从另一个角度说，贵州的山区是富有的。那里的环境没有受到工业文明过多的侵蚀，有最清丽的山水和纯净的空气，是世界非物质文化遗产最多样的地区之一。那里的孩子质朴、热情，却因父母外出打工，早早地失去了父母的呵护与疼爱，与家中老人生活在一起，因而被冠以留守儿童之名。在媒体传递的信息里，他们总是以可怜可叹的形象出现，但我更愿意这样去描述他们。

5 岁的小女孩红琴，常常滑倒在泥泞的羊肠小道上，却依旧爬起来继续开心地奔跑。

8 岁的小男孩小东，虽失去双亲，却有着小小的坚毅面庞和优异的成绩。

8 岁的小女孩佳银，虽然要肩负起照顾脑瘫哥哥的责任，却爽朗阳光、乖巧懂事。

12 岁的小男孩小军，每天放学要匆忙赶到出租屋内给 10 岁的弟弟做饭，他却说每天和弟弟相处的时光很简单也很开心。

…………

37 岁的百川小学唯一的老师苏光兵，沉静温和，在 13 年中从山里送出了 33 位大学生，每当说到这里，他的眼里总闪着自豪……

对这里的学生来说，大山既是阻挡，亦是保护。生在大山，祖辈们必是要开山辟路才能连通外界，他们必是要努力百倍才能走出大山。都市人的回家路，是车水马龙和穿梭的地铁；而大山里的孩子的回家路，是十几里路上盛开的野花，悦耳的鸟鸣，还有自由自在的鱼。我相信，当大山里的孩子长大后在外地求学或工作，一定会怀念家乡的时光。

一年的时光太短，我们没法像当初设想的那样去帮助学生们，反而是他们用善良、真挚、小小的而又包容的心接纳了我们。感谢我朝夕相伴、相互扶持的队友们，让我的生命中多了一段不凡的经历，一路的收获和感动也将伴着现在的我成为更好的自己。

一年支教缘，共谱师生情

张琦

张琦，内蒙古包头人，中国海洋大学第12届研究生支教团成员，2013年8月至2014年7月服务于贵州德江县煎茶中学。

甘载之约，共赴山海

每一次落笔，我的心海都随着支教那一年的时光波澜起伏，热烈澎湃。

——题记

起初，这是一段抗拒成长的时光。在踏上支教地之前，总以为不想长大是一种对时光的珍惜与不舍。后来渐渐明白，不想长大有时也是不敢面对责任与挑战的退缩，却不知责任与担当亦是青春的命题。

时间是无法抗拒的，如同每一个纷至沓来的任务。在父母担心的目光中，我踏上了贵州这片土地。

在这一年中，我担任了初一两个班级的语文教学工作。一周十节的早晚自习和十节的正课让初为人师的我颇感压力，但与这一群叛逆少年们的"斗智斗勇"才是更为严峻的考验。刚刚接触支教地学生时，真的有一种面临一群不容束缚的"野马"的感觉。他们正值青春，用一种强硬不羁的姿态与老师进行着对抗。

在这一场极致的青春盛宴里，他们不愿轻易被束缚，我隐隐地感觉到这一年师生之间的"较量"悄然展开了。

希望这一年中获得成长的有他们，也有我。

双燕一定要拉着我去她家看看，我这才了解到她家里的情况。双燕家中有三姐弟，她的妈妈是深圳一家玩具制造厂的普通女工，爸爸是汽车修理厂的临时修理工。每年只有过年时父母才回家二十几天跟孩子们团聚。作为姐姐的双燕承担了很多家务和劳动，年迈的爷爷奶奶也无力顾及三个孩子的学习和生活。去年一家人努力盖了新房子，但几乎没有什么家具和装饰品，一张床上睡着爷爷奶奶，一张床上挤着姐弟三人。

双燕平时活泼开朗，人缘也很好，总是看到她和同学们漫山遍野一起玩耍，无忧无虑。但有一次家访时，问起她爸妈在哪里工作、是否想爸妈时，平时笑声爽朗的她忽然泪如雨下。她说她很想妈妈，妈妈很温柔，每次打电话都告诉她和弟弟妹妹要好好学习，听老师的话；妈妈每次回家都会给他们带很多好吃和好玩的东西，还有漂亮的新衣服。他们特别盼着过年，父母回来那二十几天是一家人最幸福的日子。

听着双燕略带哭腔地讲着这些幸福又心酸的片段，我既感动又感慨。其实还有很多学生从小离开了父母，从未感受过父母的关爱，有一些甚至连父母的样子都已经记不清了。提到父母，不少学生很漠然，他们说四五年没见到父母了，还有的学生在提到父母去世的情况时都很平静和淡然。这种"成熟"像一把锋利的锐剑刺向我的心窝。

家访，让我认识到了这些大山孩子的另外一面，也是更真实的一面。

他叫冉旭，是一个瘦弱矮小的男孩子，第一次知道他是因为开学初他送了我们每个支教队员一幅他画的漫画——憨厚可爱、样子呆萌的"呆头"，他也因此得到了可爱的外号——"呆头"。

可是渐渐地，我们发现他总是闷闷不乐。一天晚自习时，我发现了某同学与冉旭的同桌换了座位，而且冉旭和这个同学都把手放在书桌下面，不知道在弄什么，冉旭的脸上还表现出很痛苦的样子，眼睛里还泛着泪光。我快速走下去，到冉旭的旁边，把他的手拿出来，竟然发现他的手臂上是被小刀割出来的又长又深的伤口，伤口正在流血。看到这一幕，我的愤怒升到极点，冉旭的眼泪也终于忍不住喷涌而出。

课后我才知道，冉旭被欺负已经长达半年之久，却因为胆小恐惧一直不敢告诉其他同学和老师，甚至对父母也是只字未提。

冉旭的问题像是一面镜子，照射出校园这个宁静平和的湖面中最巨大与不安的涟漪。这件事也引发了我对校园暴力问题更多的观察与反思。后来我发现这样的事件不是个例，进行校园霸凌的学生大多是班级里的边缘人物，不爱学习，不写作业，不喜欢听课。

在知道这些事情之后，很长一段时间，我为自己没有更早地发现和引导这些学生而感到惋惜和遗憾。我陷入深深的反思和无能为力的自责当中。我认识到作为一名老师，面临的问题是如此复杂，需要承担责任时又如此不易。教育是一件通往内心的事，也是件通往内心的大事。

在与学生的交流中我发现，这里很多学生对自己都没有明确的定位，不知道以后何去何从，更不知道学习有什么意义。

初一10班的陈真情，相貌清秀，口齿伶俐。可是第一个学期她只上了一个星期的课就不见人影了，我很担心她，向其他同学询问，听说是转学到德江县了。但是第二个学期她又重新回到了煎茶中学，我问她之前是否转学，答案竟然不是，她说自己就是不想上学了，在家里待了一个学期觉得没有什么意思就又回到学校了。

本来我觉得她落下了很多课程，想给她补补课，可是回到学校的她依旧对学习没有丝毫兴趣。有一次在办公室，一个任课老师很气愤地说："她上课不听课，我让她站起来，她竟然理直气壮地跟我说：'我妈都不管我，你凭什么管我！'"

后来老师们对她都不闻不问了，她也变得越来越随意，上课不听讲，还影响了其他同学。

后来我私底下找她聊过一次，我问她是否喜欢来上学，她说还行吧。我问她是喜欢待在家里还是来学校。她说一半一半吧，学校里有同学可以跟她一起玩，但她对于学习是一点都不感兴趣。我问她想不想读高中，她说不想，妈妈也没想过让自己读高中，初中应该还是会读完的，反正拿个毕业证就行了。

她如此诚实地跟我坦白对于学习的无望，让我震惊也很心寒。

我不知道这样的学生还有没有可以劝说的余地，也忽然觉得跟她再说什么已经变得没有任何意义了。她冷漠的姿态就像巨大的冰山，挡住了我通往她内心的去路。

只有一次下课后，她忽然向我跑过来，很兴奋地问我："张老师，青岛离韩国是不是很近？在青岛有没有机会去韩国？"之后我才知道她从小就很喜欢唱歌跳舞，对未来也有自己的期待和梦想。我很认真地告诉她，青岛确实离韩国很近，也是有机会去韩国的。但是你要知道，你喜欢的那些韩国明星，并不是从一开始就能够从事演艺事业的，他们也要接受教育，要在各个方面完善自己。既然你那么喜欢跳舞，完全可以继续读书，走艺术特长生的道路，然后去更规范的地方，学习更专业的舞蹈技能。

她默默地回去了，没有多说什么。

假期里，她给我QQ留言："老师，我很想念你！"

我问她假期在做什么。

她回答："在写作业。"

在周末闲暇，跟学生一起爬山也是支教这一年的生活中最难忘的经历之一。山水风光、乡土民情都构成了我在煎茶最丰富的课余生活和最精彩欢乐的时光，在爬山的过程中，我也能够更直接地与学生沟通畅谈。

每次跟着他们走在煎茶的青山之中，煎茶中学的全貌尽收眼底，苍翠的绿意扑面而来，几条蜿蜒的小路延伸到远处的菜地和庄稼地，低矮的房屋错落其间。

在经过险滩泥泞时，他们还会拉着我走过去。平时内向的小姑娘在山水之间也撒了欢似的，张开手臂大声呼喊，他们在山林中跳跃、奔跑，遇到大坑大沟，都一点不含糊地往下跳，这样的山路对于他们来说习以为常，只有我这个外来客才觉得惊险刺激。我也跟着他们对着大山大声地唱歌、呼喊。我们爬上小山，走向小河，在河边唱歌、打水仗。他们一遍又一遍地唱着我课上教过他们的歌曲，如《笔记》《最好的未来》《蜗牛》，听得我心里暖暖的，很满足，很幸福。

回程的路上，总会有几个学生说，今天是自己最幸福、最开心的一天，晚上一定可以睡个好觉。

我在心中默想，对于我来说又何尝不是呢。

体谅、关怀、互助，我们是一同成长进步的。谢谢这些孩子送我最美的青山绿水情，让我久久凝望、深深眷恋。

回首这一年，我有过茫然吃力，有过无助叹息。但是渐渐地，我爱上了这里淳朴的风情、美丽的自然风光，爱上了这些调皮捣蛋却不失童真的学生，更爱上了那个全身心投入的自己。

每每回想起来，我都非常希望能够通过自己的绵薄之力把支教这一年的经历和感受呈现出来，无论是以文字还是图片、视频的形式。希望这件有意义的事情，不止停留在那一年，还可以随着时日增长而得到更多的关注和支持，成为一种纪念和回忆并被延续下去。更希望西部教育事业继续发展，山区学生的教育问题得到解决。

感谢这一年的时光以及这一年中遇见的所有人和经历的故事。

忆·煎茶

王景

王景，安徽滁州人，中国海洋大学第13届
研究生支教团成员，2014年8月至2015年
7月服务于贵州德江县煎茶中学。

王景

看到如雪发的朋友圈——青红丝拌一碗热气腾腾的米粉，我心中五味杂陈。我必须承认，就在两个月前我还在站在一个所谓"营养学家"的角度上信誓旦旦地发誓从此逃离这种食物。这两个多月来，丰富的餐食在渐渐消退米粉那份酸辣的滋味，我也一度以为自己在远离它，但当我真的看到熟悉的图片时，竟不得不承认那份五味杂陈中包含着一个叫作思念的奇异生物。于是，我不得不承认，是的，属于我、我们的那一年已经匆匆结束，天气渐渐转凉，即使再不舍，也是时候让这段美丽的回忆随着这个夏天一起封存。

　　既然回忆的起初是食物，那就从食物开始好了。煎茶这个小镇在我的记忆中最深刻的味道就是辣，而这也恰恰是舌尖最初可以感受到的味道。张家的粉离学校最近，周家的粉最美味，桥头快餐家的炒粉像是打翻了盐罐子，车站杨老板家的猪蹄粉很辣，还有沿路的牛肉粉……除了米粉之外，我脑子里最先闪现的三个关键词就是：泡汤肉、烧烤、鸭脖店。当然还有学校门口美味却被莹姐"控诉"不健康的油饼，有每天晚自习后的关东煮，有早就吃腻了但每每想到仍旧生出饱腹感的土豆粑以及偶尔穿插的肠粉、米豆腐，最后不得不提的是莹姐"最爱"的折耳根……时至今日，我仍旧十分想念在小镇赶集的情形。记得走之前最后一个赶集日，我一个人逛了逛，新鲜的杨梅让人垂涎，颗粒饱满的荔枝提了满满一袋，在初夏的夜晚静静品尝属于山里的清新、甜蜜。

　　这一年遇到的人、共同经历的事，我想都已经在时间的钟摆上定格，看似停留却会在来回摆动间猝不及防地敲打着心房。不知道还会不会有人和我一起把两个单人床拼成一个大床，大半夜的还要"开演唱会"；还会不会有人和我一起去别人家蹭饭，撑到在主人家睡着；还会不会有人通宵陪我剪片子，帮我一起录片头；还会不会有人和我分享见家长的经验，为我们拍最好看的合照；还会不会有人安静地听我说完所有困惑，陪我过最寂寞却最温暖的元宵节，在生日蛋糕里放辣椒、折耳根和猪耳朵；还会不会有人深夜出来玩儿，然后再偷偷摸摸地"溜"回学校，在停电的夜里跑到操场上做游戏，或者一起蹭车去县城并和素昧平生的司机聊成老友……我唯一可以确信的是，能够拥有这5个队友是我最幸福的事。我不敢说我们是最优秀或最团结的，我知道我们之间也会有这样或那样的矛盾、

为学生发放文具奖品

隔阂。但有什么关系呢，这不能改变我们携手走过人生中最简单却最充实的一年时光的事实。

我常常回想米粉店老板娘脸上随时绽放的笑容、快递点老板娘的健谈、付旭妈妈的好手艺，当然还有星月那个闲适随意的老板、德信那个抱着娃的年轻老板娘……我时常也在想，虽然那里的学生渴望外面的世界，但在我眼中，这个小镇安静、祥和，这里的人悠闲、善良，我感受到的是满满的尊重、温暖和信任！如父亲般的主任、永远乐呵呵的窦老师、直率的李老师、好客的杨校长和健谈的杜校长，还有美丽的杨芬书记……

当然最想念的还是那群年轻的面孔。此刻我看到窗外的天空是湛蓝的，恍然间回到小镇，站在办公室外的走廊上看着操场上的学生。小镇的学生总有用不完的能量，我时常对他们心生羡慕，他们的人生还有无限的可能性。我会想念我广播站的学生，尤其是在他们给我打电话、发 QQ 之后，愈发牵挂他们。记得前些日子，小洁打电话的时候竟然哭了；芋头打电话时说他想家了，虽然心疼但看到他的成长我也很欣慰；沙沙也将开启全新的高中旅程，愿她能够有崭新的、完美的高中生活；不晓得小睿这丫头进入高三之后成绩怎么样，易恒贪玩的秉性有没有稍微收敛些；想学播音的付旭为实现自己的梦想会在高三这一年特别努力吧……我时常盼望和他们的约定可以早日实现，希望可以听到他们更多的好消息，可以有机会再次见面。

我和小伙伴们　　　　　　　　　　　　　和学生交流

小雪和我交接工作的时候，我简单回忆了一下这一年所做的事情。教学之外，还有各种活动、各种帮扶、各种比赛。我会偶尔想起为了工作废寝忘食的那些日日夜夜；也会想起主持人培训时，和他们一起笑、一起哭的情景；会在看到照片时，想起家访时的点点滴滴；会在整理文档的时候，想起每一次写总结时的纠结；会在看到新一届支教团合照时，无比想念支教学校的食堂、操场、教学楼前的树、七彩小屋、一起住过的宿舍、一起工作过的办公室……

这一年经历了最密集的旅行，湘西—环黔—云南—重庆，山水清丽，引人入胜。这一年里，我接触了不同的少数民族，不同的地域文化让我为之深深折服。这一年，我也踏上过最特别的旅程：外出活动时迷了路却意外看到了大山里最美的星空，平原镇的修路小分队，思南的特殊温泉，神仙洞的故事，去恩德的那条小路，从龙盘完小回来时第一次经历沿途搭车，爬梵净山和去扶阳古城路上的那份惊险。确实，再无机会可以如此近距离、深层次地感受西南地区了吧。说来奇怪，短短一年的时间竟让我对这里产生了一种莫名的归属感和亲切感。

我很难忘记小镇停电时那些没有光的安静夜晚。闭上眼睛，我仿佛就能看见默哥坐在草坪上弹琴唱歌的样子，身后是他自己说过的人马星座，格外闪亮。我也很难想象会不会再有机会让我每天早上准时惊醒，在听到凤鸣播完最后一条信息之后继续安眠。我还很难想象会不会再有机会让我感受坐在观众席上却比选手更紧张的奇妙体验。我不知道那些充满激情和热血的片段还会有多少继续出现在我的回忆里……

"最美的不是下雨天，是曾与你躲过雨的屋檐。"有的时候我会想也许我对小镇也是这样的感情吧。也许未来还有机会回到原来的地方，但我想那个时候的心境应该大不相同了吧。也许，直到许久之后的某一天，或是翻开相册，或是某个许久未联络的学生出现，抑或是恰好有机会再回到小镇的时候，我可以安然一笑，然后说一句："煎茶你好，好久不见……"

窗外的小脑瓜

孙鹏静

孙鹏静，山东招远人，中国海洋大学第 14 届研究生支教团成员，2015 年 8 月至 2016 年 7 月服务于贵州遵义县乌江中学。

星期一晚自习，七年级又分班了。

乌江中学这届七年级从入学时就只有两个班，而且是平行班，每班人数都接近 50，在学校算得上大班了。学生的学习能力、日常表现差距非常大。以前师资紧张，最近九年级 3 班、4 班部分学生考职校走了，两班并作一班，学校的老师一下子够用了。七年级再分班天时、地利、人和。

我有幸争取到教七年级 2 班的地理课。地理是我中学时最喜欢的科目，能教学生自己最喜欢的学科，对我来说是支教工作中最幸福且引以为傲的事情。所以自打第一天踏进七年级 2 班的教室，我便想方设法地努力，努力做一个有吸引力的老师，让学生喜欢地理，喜欢我。好在功夫不负有心人，我们之间亦师亦友。

我们班上有几个很调皮的学生。只要不让他们学习，一切皆大欢喜，可学习时，单是让他们在课堂上遵规守纪我都做不到。尤其从这学期开始，师生间彼此有了进一步了解后，他们就完全"脱缰"了。有一段时间我都不敢在课上"丢包袱"，生怕课堂过于活跃，一发不可收拾。所以有时候老师们还是很希望尽快分班的，因材施教，不要影响其他学生的课堂学习。

分班很快，不用一节晚自习，新 3 班的学生就搬着桌椅端坐在新的教室里了。听 2 班班主任说，原本以为学生们舍不得离开，没想到好多学生巴不得去 3

班。可能他们认为去了3班就再也不用学习了吧。新3班有个特点，男生特别多。这个也好理解，男生调皮的人数多。可女生即便不那么调皮也总得有人去啊，尤其我们七年级2班的女生都非常懂事可爱，派谁走这件事肯定又要让班主任伤脑筋了。

最终七年级2班只有三个女生去了新3班，她们是佳丽、飘飘、雷雷。

这三个女孩子都属于神游型。有时候我就在想，真难为她们守着我这么风趣幽默的老师还能丝毫不为所动地畅游于自己的精神世界。去3班也好，不强人所难，去一个更适合自己的环境，老师的要求也不那么严格，说不定哪天顿悟了就会收心。新班级的老师属于学校各科老师中的翘楚，一定可以帮助她们突飞猛进。我发自内心地祝福她们，只是多少觉得三个女孩去新的环境，可能会有点孤独吧。

星期二我在七年级2班负责第三节晚自习。适逢两个学生过生日，而全班一起过生日又是我地理课上不成文的约定，最后下课铃响时，试卷上还有一道题没来得及讲完，不得已又拖堂几分钟。那会儿又要看试卷，又要在黑板上写写画画，又要想着这个知识点能不能编个口诀出来，看到教室外面好像有几个小脑袋瓜在向里看，以为是其他班学生放学从此经过，并没怎么在意。直到讲完最后一个字，拉开教室门，飘飘开心地扑到我跟前，喊着："老师，我来接你放学！"在她的身后，雷雷、佳丽说着流利的遵义话，大致意思就是她们在门口等了我好久了，她们也想来上我的晚自习。

那是分班后的第一次见面。她们给我讲了新班级的好多故事，分享了对新老师的印象。佳丽说她想我了，飘飘接了一句，做不成师生我们做朋友。

我有个习惯，课间没事的时候喜欢趴在办公室门口走廊的围墙上向下张望。我们办公室在二楼，能看到操场的大半，还能看到七年级1班和2班门前的小庭院，课间的时候学生们总在那里打打闹闹。新3班的教室是原来九年级4班的教室，所以七年级只有1班在三楼。我发现，飘飘、雷雷和佳丽时常会跑到一楼找以前班里的伙伴，或坐在花池的台阶上，或倚在班门口，哪怕是身边没人陪伴也会去。

这种游离的感觉我再熟悉不过了。差不多六年前，我上高二。下学期分了文理班。好朋友因为文、理的选择不同而被迫分开。其余的几个班都是一分为二，而我们班却被完全打乱分散地安插在新成立的几个班中。我们老一班的感情非常深厚，突如其来的变化让我久久难以适应。整整一个学期，凡是课间，无论长短我都会直接扎身到文科班里去。虽然过去了好多年，当时的场景还历历在目。这种非自愿的分离是委屈的、郁闷的、难以接受的。

周三上午第四节课，我在办公室里备课。"报告！""报告！""报告！"三声报告伴随着跑到办公室门前"紧急刹车"的动静，我扭头看向办公室门口，她们仨来"串门"了。佳丽很"霸道"，自从分班后每次见到我都要给我"按摩"。力大如牛的她双手捏着我的双肩使劲儿一抖腕儿，疼得我哇哇乱叫。一进办公室她就习惯性地绕到我的身后，好在我反应机敏及时地谢绝了她的"好意"。雷雷不爱主动说话，除非话题合适才会偶尔递上那么两句。还是飘飘乐天，双手撑着我的办公桌一上一下地跳着，绘声绘色地描述男孩性格的佳丽分班那天出人意料地哭了。我很惊异，直呼："这怎么可能！"

一旁的佳丽连忙推却，一边拍打飘飘多嘴多舌，一边用手指着雷雷喊着："是她！是她！"

雷雷虽不爱说话但也不是吃亏的主儿，她指着佳丽坏笑着嚷嚷："咦，明明是她！"

办公室里一下子由寂静无声变得鸡飞狗跳。

"好嘛，是我哭了，我哭了。"佳丽不太会说普通话，她承认自己哭了。

我戏谑她女汉子还会哭："有什么好哭的呀，又不是见不到了。下个楼的工夫不就又可以一起玩了。"

"可是你都不教我们了。"这是她第二次表达这种不舍的情绪，说得我心里还挺难受的。

"哎哟，你还舍不得我呢。以前我想方设法地让你听课都失败了，原来魅力敌不过距离啊。"我只能粗枝大叶地一带而过，诸如不舍、别离这种感情上的东西还是不要触碰的好。像佳丽这种情况，只要转移注意力，很快就能走出来了。

我告诉她虽然不教她了，但我还在这里。以后有时间完全可以来找我。

她说下午美术课他们可以出去活动，问可不可以来 2 班上地理课。

为了让她感受到我们虽然楼上楼下，但距离并不是阻碍，我跟老师打了招呼，允许她们过来。

下午第一节就是地理，要讲到欧洲西部繁荣的旅游业，我决定带学生去多媒体教室上这节课，看一些图片加深印象。准备铃响后，我在教室里调试着电脑设备时，看到三颗小脑袋又挤在窗前，多媒体教室的窗帘齐齐垂下，她们的脸就顺着几缕光线映进我的视野。

"进来吧，都是同学，不用拘束。"

大家对三人的到来既熟悉又新奇。三个小家伙还一本正经地带着书和笔跑了进来。

这堂课不同于曾经，她们的眼睛一直盯着我，好像并没有走神儿。

星期四又有地理课，讲南北两极地区。一下子要接受两个地区各自的地理特征，我怕学生记混记错，想了几个窍门，整个课堂非常活跃。课上到一半，飘飘、佳丽、雷雷三人又挤在窗外，教室里几个学生看到了，进而学生们接二连三地把目光转到窗外。没办法，我打开门让她们进来。得知这节课她们班是上体育课且老师允许大家自由活动后，我同意她们继续到班里旁听。

整个班的学生扯着嗓门回答我的问题，背诵口诀，他们的脸上挂着笑，飘飘、雷雷、佳丽的脸上也挂着笑容。

眨眼间已近 4 月末，在任何一间教室里，我都不敢过多地提及自己的家乡，不敢说起临近的归期。来支教之前，我便幻想自己带着一群群活泼天真的学生探索眼前已知的校园和窗外未知的世界，深厚的情谊连接山海，看不出来去的不同。一年里，现实生活也正像此前想象的一样一步步靠拢，我会尽一切可能参与学生的各种活动：大课间女生会邀请我去跳大绳，我还会陪着学生打乒乓球、练羽毛球，现在又喜欢上了打篮球，一到体育课便跟着一大堆的男生女生追逐在篮球场上，仿佛回到了十年前。我仿佛又成了一个简单直接的中学生，只不过不用担心作业是否完成，考试又得了几分。

在课堂之外，老师和学生很容易处成朋友，只要你真心善待他们，他们便会打开心扉真诚地喜欢你。有时我甚至怀疑，我所给予的亦师亦友的情谊会不会成为学生的包袱，毕竟我什么都可以许诺，唯独许不下时间和陪伴。

"秋风清，秋月明，落叶聚还散，寒鸦栖复惊。"

聚散终有时，生活还是要跨步向前，相遇美而不可贪念。我会想办法将飘飘、雷雷、佳丽三个小姑娘送回新的生活轨道，相信她们很快会有新的喜欢的老师、喜欢的朋友。

我会牢牢记住你的脸

李馥孜，山东滨州人，中国海洋大学第 15 届研究生支教团成员，2016 年 8 月至 2017 年 7 月服务于西藏拉萨市西藏职业技术学院。

2017 年 6 月 8 日

上学期末突然变更的出差计划，使得我在紧急撂下一摞连夜整理好的复习资料后就回去了，导致一整个寒假都在被学生问："老师，您什么时候回来？""老师，您是不是不要我们了？"这学期中间请假去珠穆朗玛峰调研，需要停课一周，又被学生围着问："老师，您又要去哪儿？是不是不回来了？"

这两次"突然消失"给了他们太多的冲击和不安全感，所以我决定离开前一定要好好地、用力地、正式地跟他们告别。

距离英语结课还剩 2 节课，农业经济班里依旧还有 2 名我没能"归正"的调皮孩子和 4 名留级生，因为这几名留级生几乎不来上课，所以我完全无从下手、无能为力。

可能是上节课提了一句考试和复习安排，结果今天我一进教室，就发现坐满了人，站在讲台上仔细一数竟然还是全勤。想来这一年都没有此等盛况，我试探性地问是不是有什么集体活动，下面有学生小声地说："因为您要走了。"我条件反射地回了一句："又不是这节课走。"

结果课间结束后，这 6 个孩子又不见了。

2017 年 6 月 15 日

今天确实是农业经济班的最后一节课了。

一进教室，我发现大家都乖乖坐在座位上复习，多媒体旁的学生们迅速作鸟兽散，我边跟课代表说"今天不用多媒体，关上吧"，边无意识地看向幕布，瞬间大脑一片空白，上面赫然写着：

"老师您走了，好舍不得您！"

歪头看到几个学生在卖力地背今天要听写的单词和句子，余光还能感受到时不时有目光在偷偷打量我，转念一想这该不会是想要躲避听写，在跟我打什么感情牌吧？于是，我一副了然于胸的样子说："别跟我玩花样啊，来拿出纸来听写！"学生们没有反抗，乖乖照做，我顿时摸不着头脑。

临下课留出了 20 分钟跟大家好好告别，细细讲了跟他们走过这一年时光的心路历程，表扬了十几名成绩一直在进步的同学，表示他们的努力和付出我都看在了眼里、记在了心上，感谢他们一直坚持，一直没有放弃自己。因为提前想好了要说什么，害怕控制不住情绪还偷偷演练了好多遍，也不想过于烘托离别的气氛，所以我说得特别云淡风轻，更像是某个课间的闲聊，倒是被我点到的学生明显都红了眼眶，一遍遍地向我表示感谢。

说完我示意大家自由复习，然后开始准备批改听写，心里默默地为自己的控场能力和情绪自制力点了个赞。

没想到全班突然起立，每个人都从桌洞里掏出来一条哈达，然后双手捧着有秩序地依次上台跟我说话、拥抱，还有学生专门在下面录像和拍照，整个行动像是精心设计并彩排过多次，行云流水，各司其职。

我先是石化在了原地，试图继续控制情绪，任由一条条哈达挂在脖子上，反应过来后鼻头一酸眼泪喷涌而出，开始弯腰接哈达，不住地说着"谢谢"。学生们可能没料到我的反应这么大，顿时也乱了方阵，手忙脚乱地给我擦眼泪、递纸巾，给我拥抱，说祝福词的时候也开始磕磕巴巴，最后只能一个劲儿地说："老师，您别哭，别哭。"

50多个人献完哈达后，被包裹成北极熊似的我站在讲台上擦泪平复情绪，刚要表示感谢，全班又开始齐唱："我会牢牢记住你的脸，我会珍惜你给的思念……"唱完又反复嚎："老师，我们爱您！"刚憋回去的眼泪又被勾了出来，惹得学生也开始哭，还不忘安抚我："老师，您别哭嘛！""老师，原来你哭起来也这么好看！""老师，您还是笑起来好看！笑起来更好看！""老师，您再笑一个吧！笑一个吧！"他们自己默默抹完眼泪强挤出笑脸看向我。

我不太会处理这种离别感伤的情绪，只能试图调节气氛说："今天给你们机会哦，想问什么就尽管问吧！"意料之中地被问到了"多大了""家在哪儿""有没有男朋友"之类的八卦问题，我都一一解答。

临下课被我提醒"再问最后一个问题"，全班用藏语商量后派课代表郑重地问：

——"老师您能不能不要走？"

——"我也得上学呀！"

——"那等我们毕业的时候您会回来吗？"

——"那时候我还没毕业呢！"

——"那您毕业后能不能再回来？"

…………

我和可爱的学生们

下课后我又被簇拥着去操场拍合影，学生们抢着给我提包、提礼物、抱哈达。合完影他们依旧不肯走，非要与我单独合影，被六七个摄像头对着，令我颇有一种当明星的感觉。

晚上回到宿舍批改最后一次听写，发现大家都写得特别好，还在听写纸上给我留了言。

离开西藏前收拾行李又看到了学生们送给我的本子，因为带着塑料外包装，心大的我就一直想当然地认为是新的，结果打开后发现扉页是每个学生的签字，后面密密麻麻地写满了字。

我一屁股坐在地上哭得不能自已。

这是一年前让我绝望崩溃、想要投降逃离的那群学生啊，到头来却磨合调教成了乖巧认真、执行力极高、感情最深厚、最难以割舍的亲学生。

谢谢他们，陪我一起长大，一起变得更好。

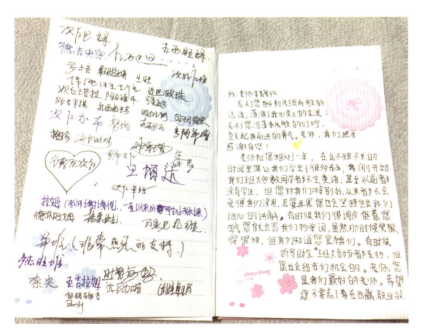

学生送我的笔记本

老师，我让您失望了

李馥孜

李馥孜，山东滨州人，中国海洋大学第15届研究生支教团成员，2016年8月至2017年7月服务于西藏拉萨市西藏职业技术学院。

市场营销班组织的送行，让我印象最深刻的不是把脖子压弯的哈达，不是精心挑选的意义非凡的礼物，不是全班大合唱，不是小声抽泣的学生的通红的眼眶，也不是在教室里被全班围在中间跳锅庄舞，而是一个男生趁献哈达的时候小声说了句："老师，对不起，我让您失望了！"

他起初是典型且彻底的"皮孩子"，上课故意起哄捣乱，不管和他强调多少遍"低头动手记笔记"，他却依旧我行我素，抱着胳膊、倚着后桌、歪头抖腿，梗着脖子直勾勾地看着我，带着淡漠的似笑非笑的表情，眼神里的"你能奈我何"的挑衅和"我倒要看看你还能怎样"的意味一览无余，生怕我错过一丝他想要传达的恶意。趴在桌子上睡觉被敲桌子或被直接提溜起来，他会不耐烦地骂骂咧咧几句，换另一个夸张的姿势继续睡。有时兴致上来大声跟读课文，他嘴里的口香糖若隐若现，交上的听写一片空白，偶尔会写上序号或者汉字。

其他十几个调皮捣蛋的学生被我精准施策，分类使用真情感动法、鼓励表扬法、画饼利诱法、互相约定法、平等沟通法、激将法、结盟法等方式而逐一"捋顺"，但与这个学生的相处，我摸索了一个多学期却依旧不得要领。我第一次感受到了挫败，甚至被他桀骜不驯的眼神震慑出了退意。

直到下学期4月左右，某节课进行得比较顺利，讲完后距离下课还有10分

钟，学生们提议让这个学生上台继续讲前一晚自习时没有讲完的中学故事。我坐在学生中低头批改着当堂的听写，他讲了几句后，我开始放下笔认真地听。

他是湖北宜昌人，中考语文全市第五、数学、英语却严重偏科。而语文如此拔尖的原因，只是因为他敬佩语文老师，他用了非常长的时间讲了这位老师，眼神里满是我从未见过的暖意和温柔。我突然特别想要成为他口中那样的老师，于是在听写纸上写了想对他说的话："听了你讲的故事，更加确定你是个很有个性的小孩，当然这并没有什么不好，我也没想过把你的个性抹掉。你如何对待我都无大碍，只是希望你可以认真地想一想，你现在这样对待英语学习，真的开心吗？"

后来，我慢慢发现了他的转变，比如上课不再睡觉，看向我的眼神带有了求知欲和笑意，讲过的课文页面终于不再是一片空白，会很认真地做课上练习，听写时会很努力地思考（虽然一直稳定在 20 分左右），等等。但这些转变相对其他学生的进步而言实在太微小，我一直不敢下定论，觉得或许他只是一时兴起、心血来潮。我没有夸奖，他也没有道歉，就这样心照不宣地当作一切都是自然而然，连交流都寥寥无几。

直到最后一节课临下课，全班突然依次上来给我献哈达，他扭捏却又坚定地走到我面前，把哈达放在我脖子上，退后给我深深地鞠了一躬，然后特别愧疚地说：“老师对不起！我让您失望了！我下学期就要去参军了，所以英语挂不挂科对我而言真的无所谓，但我还是会好好考的！”我被他突如其来的举动惊得不知所措，只能跟他说：“你表现得已经很好了，我都看到了！我相信你可以考好！”

后来他又拿着一个精致的本子上来说：“这是我的中学老师们给我写的寄语。”然后翻了新的一页递到我面前，我在本子上写道：“Hope for the best, prepare for the worst！”抱最好的希望，做最坏的打算，希望他永远心态平和地积极应对生活。

他如获至宝般一路小跑回座位，低头研究了许久后，兴奋地问同桌：“这啥意思？快帮我翻译一下！”

后来，他的英语没有挂科。

后来，我们依旧没有过多联系，只是靠朋友圈点赞、评论来了解对方的近况，从未主动点开过对话框。直到 2020 年 10 月，在青岛的疫情防控期间，他突然在微信上叮嘱我要戴好口罩，注意个人防护。聊天中得知他退学上了军校，参加了武汉抗疫，又回了拉萨部队工作。

他说：“放心吧，一切都会过去的，相信国家！”

那下次就青岛见吧

李馥孜

李馥孜，山东滨州人，中国海洋大学第 15 届研究生支教团成员，2016 年 8 月至 2017 年 7 月服务于西藏拉萨市西藏职业技术学院。

市场营销班有三名做同桌的小姑娘，分别叫嘎松梅朵、曲措和纳机，英语成绩优秀且稳定，是名副其实的尖子生。三人性格迥异，嘎松梅朵活泼话多，曲措高冷不爱笑，纳机话少害羞，但都喜欢组团往我面前蹭，久而久之我们就成了无话不谈甚至可以分享糗事儿的朋友。

2017 年 6 月，临别前小姑娘们拉我到座位上围着我聊天，我把不舍转换为道不尽的叮嘱，提醒嘎松梅朵要沉稳、内敛一点，建议曲措多笑、多与其他人接触，鼓励纳机尝试一些"抛头露面"的活动等等。最后，她们反复问我什么时候能再见面，什么时候再回拉萨。我灵机一动，反问："下次见面为什么还是我来拉萨找你们呢？那可不公平！下次青岛见吧！"我们郑重其事地拉钩后，我内心还是抑制不住地升腾起了难过。

回学校读研后，我们依旧保持着联系，她们还是会时不时问我什么时候再见面。

"当日光城遇上海洋"海洋文化系列宣传活动在下一届支教团的延续下继续平稳推进并逐步完善。2018 年初，第三届中国青年志愿服务项目大赛的奖金到账，我们开始思考如何利用这笔奖金开展符合当下实际需求的公益活动。几番调研、咨询和讨论后，我们决定大胆尝试开展"海洋之旅"游学活动，选拔几名优秀藏族学子来青岛拥抱海洋，回去后再以同龄人的身份和视角将所见所闻所感分享给其他同学，以此来减弱长久以来的宣讲方式带来的"纸上谈兵"感，同时也借此激励其他学生努力走出大山。

为了保证选拔的公平并进一步宣传海洋知识，我们举办了高原上第一届海洋知识竞赛，根据笔试成绩及面试综合表现，在全校几百名学生中，选拔出总成绩前 7 名的学生参与游学活动。

我在最终入选名单中看到了嘎松梅朵。

2018 年 6 月，时隔一年后，直到她远远地从队伍中冲出来，一路小跑着扑进了我怀里，我才真切地感受到"青岛见"的约定竟然如此迅速地成真了。

她像巨型挂件一样时刻黏在我身边，叽叽喳喳说个不停，说她们三个还在做同桌，说接到学校通知后没日没夜地背题库，互相督促和提问，其他两人没能入选哭了好几天，说曲措进了校礼仪队，纳机进了校主持队，都已经参加了好几场大型活动，委托她一定要好好向我汇报……

我边听边笑，心底是止不住的满足。

参加活动人员合影

我和我曾经的学生

    在青岛的 6 天里，他们在海边追赶浪花、捡拾贝壳、等待夕阳，看到了为海洋强国建设奉献的科研团队，在中国海洋大学学生创新创业实验室见到了敢于有梦、勇于追梦的创业达人，在青岛老城区感受了有别于藏族风格的具有海洋气息和德式风格的青岛建筑，沉浸式体验青岛这个海滨城市。

    队伍返藏的当天早上，我提着两大包零食（避免他们 50 小时的火车车程太过无聊）去送行。她没有再问我什么时候回去，而是眼神笃定地说："老师，您等着，青岛这么美，我们三个一定会来找您！"

我不会让您失望

李馥孜

李馥孜，山东滨州人，中国海洋大学第 15 届研究生支教团成员，2016 年 8 月至 2017 年 7 月服务于西藏拉萨市西藏职业技术学院。

时隔六年，我依旧清晰记得自己第一次走进农业经济管理班时的失望。全班在看到一个年轻的陌生面孔后，像是突然被点着的地雷，整个班瞬间被引燃，在我头顶炸出了一朵蘑菇云。全班不管男女一起拍桌子起哄，隔着桌椅上蹿下跳，故意用藏语大声交流，围着我尖叫转圈，甚至快要贴到我脸上，试图激起我不安或害怕的情绪。好不容易上课铃声响后，我开始站上讲台讲课，底下的学生来来往往互换座位，交头接耳，明目张胆地吃东西，四仰八叉地睡觉，真是好大一个"下马威"。

第一单元题目"Greeting people you meet for the first time"，8 个单词，讲了一节课。20 岁出头的学生甚至连字母都认不全。前期认真备好的三个单元的课只能全部推翻，重新来过。

接下来几节课情况依旧没有明显好转。带头起哄的学生叫郑堆，瘦小的个子却坐在倒数第二排，跷着二郎腿，一只胳膊搭在后桌上，一只手往嘴里送瓜子，嗑得瓜子皮乱飞，高原上特有的黑皮肤映得他龇着的大牙愈发刺眼。成功吸引了我的注意力后，他扯着脖子干嚎："老师，我们英语基础太差了，我们听不懂！"我脸越黑他越起劲儿，甚至以激怒我为乐。导致我每次上课前都要在门外做足心理建设，咬牙、捏紧拳头，努力装作一脸的云淡风轻，步履轻盈地走上讲台。

2016 年 10 月 14 日

由于无法当面心平气和甚至相对平静地传达有效信息，我只能"作业传书"，在郑堆的作业本上写下下面这些话。

"英语基础差"不能成为借口，要想学好英语，目前你可以做到：

1. 认真写好每个字母、每个单词，一笔一画，不连笔。

2. 心态平和，不急不躁，找到适合自己的节奏和方法，不需要和别人比较。

3. 可以找个基础差不多的伙伴一起学习，互相帮助、打气，共同进步。

4. 多寻求他人帮助，很欢迎你来问我，也可以多问一下身边英语较好的同学。

5. 上课集中精力，听好我说的每一个知识点，听不懂也要先记下来，希望你有没有听懂都可以给我回应，但不要起哄。

6. 学习态度最关键，如果态度端正，不愁学不好，只是时间问题而已。

7. 永远记住一句话：有志者事竟成！

加油！你可以的！

2016 年 10 月 20 日

这个学生像是突然变了一个人，上课眼睛瞪得像铜铃，满脸都是求知的渴望，听不懂或者跟不上会立马举手反馈，就连课间也坐在座位上一句一句地读单词和课文，见我走过去后立马拿出听写纸，急切地问错了这么多要怎么办。

2016 年 10 月 28 日

距离"作业传书"两个星期过去了，他依旧乖巧听话。上课时眼睛会一直跟着我，积极地跟我眼神交流，有时稍微管不住自己，我给他一个眼神，他就立马改正。他不仅会很认真地大声跟读，还敢于主动且大声地念出我写在黑板上的单词，会尝试根据我教过的音标预习生词，并且读得还都算准确。

他柔和了太多，不再那么尖锐有锋芒。

郑堆课间在看听写纸

2016 年 11 月 2 日

根据英语教研组要求，平时成绩中需要包含"口语实训"，具体实现方式就是背 Passage（或 Dialogue A、Dialogue B）。但碍于农业经济管理班学生底子实在太差，我给少数学生的要求降到了通读即可，还分别给他们发微信语音读课文，其中就包括郑堆，主要原因是他前一节课请假，落下了学习内容。

结果这节课他早早地就跟搭档来找我背诵，背得流畅且标准，可见课下费了不少功夫。后来他偷偷告诉我，课前的三天里他一直在循环播放我给他录的语音，然后一遍遍跟读，直到超出标准流利背诵。

第二天上课前，他竟然在教其他同学读课文。

2016 年 11 月 9 日

晚上在宿舍改农业经济管理班的听写，越批改越生气，重复听写相同的内容却依旧能错一大片。火上浇油的是还有学生在听写纸上写"老师我不会啊""老师我尽力了""老师我记不住"，气得我胸腔里燃起了熊熊烈火。

直到看到了郑堆的听写，他写道："老师很感谢您！""老师您辛苦了！"
眼泪喷薄而出。

灭火成功。

后来每次听写，他都会在纸上给我留一句话，比如"老师我会努力的""谢谢您""感谢您的支持""祝您一路平安""老师我不会忘记您"。

2016 年 11 月 23 日

扣了农业经济管理班两个表现极差的臭小子的"平时分"，以儆效尤，事实上算下来也只是拉低总成绩 1 分。但可能是学生们太怕不及格，所以格外重视，全班在惊慌中压抑了许久，终于在临下课时几个大胆的学生站了出来"讨伐"我："老师你怎么这么喜欢扣分啊！""老师你怎么这样！""老师你太过分了！"……我看着这些张牙舞爪、义愤填膺的学生，突然有种"养了一群小白眼狼"的悲凉，甚至想夺门而出。

但角落里突然传来了小声但坚定、一句比一句大声的两句话。

——"老师，您很好！"

——"老师，您已经够好了！"

我歪头一看，是郑堆。

2017 年 3 月 8 日

新学期第一节课，我让学生给我写了小纸条，可以写任何想说的话，不用署名。所以交上的都是匿名的建议、夸奖、感谢或者悄悄话。

直至看到——

"老师您好！

我是郑堆，第一次印象很深刻，我对老师您很不满意！经过了一个学期后我越来越喜欢上英语课了。

我很感谢您！我的作业本上您写的那些我会好好的（地）努力。

下学期，我会好好努力！"

郑堆给我的留言

其实他不知道的是，第一次作业，我根据他们的上课表现和作业完成情况给每个人都写了一段话，只不过他的相对较多而已。

后来无意中在他的桌子上看到了两张被揉皱的作业纸，上面是工工整整但明显没得到主人认可的"老师您好！我是郑堆……"。

返校后的前一两年，还是会有很多学生时不时地在微信上找我聊天，在节日发来长篇大论的祝福语，随着时间推移也就自然而然地减少了联系，也只是在朋友圈注意到大家毕业、工作、结婚、生子，开始了崭新的忙碌生活，只有很少一部分学生还会日常来跟我聊聊天，其中就有郑堆。

他会隔段时间就来问我什么时候回西藏，或者跟我抱怨公司没有安排他来青岛出差，他会跟我敞开心扉聊互相看不对眼的第一次见面，然后认真道歉和道谢，他会在之后人生大大小小的每个重要阶段来征求我的意见或者与我分享成功后的喜悦，比如考英语四级、考各类职业资格证、专升本、读研、找工作、换工作。虽相隔千里，我却依旧活跃在他的生活中。

他说："我不会让您失望的！"

我说："你啊，从来没有让我失望过！"

154

我们写信吧
——给学生们的一封信

李馥孜

李馥孜，山东滨州人，中国海洋大学第15届研究生支教团成员，2016年8月至2017年7月服务于西藏拉萨市西藏职业技术学院。

同学们！好吧，现在我可以讲实话了——我的年龄其实比你们当中的一小部分同学还小那么一丢丢，但你们绝大部分还是我的弟弟妹妹，所以希望我们抛开师生关系，你们可以把我当姐姐（好吧，或者妹妹）。

其实，写这封信是冲动之举。说实话离开拉萨这么久，我却依旧不能接受你们已经消失在了我的生活中，还是会不自觉地想起跟你们"斗智斗勇"的日子。本来想着支教生活结束已成为事实，我现在已经迈入兵荒马乱的研究生生活，你们也迎来了一批新的志愿者老师，我们可以把一切难过和不适应交给时间，然后"彼此相忘于江湖"。

因为我在高二时也有一位大学临毕业的实习老师给我们代课，当我们跟她混熟后，她却突然因为半年的实习期结束回到了自己学校，从此杳无音信。当时我们以为这个打击会让我们难过一辈子，但实际上只难过了一阵子。

因为每天都会接触太多的新鲜事物，或者被各种不顺打击，太多我们以为会记一辈子的事情，都会在我们念念不忘的日子里被慢慢遗忘。所以，你们给我送行时一直在说"老师，我们永远不会忘记您"，我也只是笑，内心评估着：你们什么时候会忘记我呢？一周？一个月？或者再长一点，一年？然后默认了我即将被你们忘记的事实。

但我今天取快递时遇到了两个藏族姑娘，虽然依旧听不懂她们在讲什么，但是跟你们一样的口音和熟悉的语调，就像一股沁人心脾的暖流，突如其来地撞击到心底，我竟然不受控制地泪流满面，久久无法从悲伤的气氛中抽离出来。

想到教师节时你们有好多人给我发祝福微信，最近也有好几位学生向我咨询如何备战英语四级考试……我才发现，原来啊，我们都还没有忘记对方！那为什么要顺遂时间的本意？为什么要让你们忘记我呢？

我会一辈子记住你们啊！这样不公平！

所以我想了个办法，算是刷一下在你们生活中的存在感吧：你们会不会觉得有时会无所事事？你们会不会感觉有些苦闷无人分享？你们是不是已经很久没有写过信？

那就给我写信吧！

我一直觉得写信是一件特别有意义的事情。实物总会比电子版的纪念更踏实，因为它触碰得到，它一旦出现就不容易被销毁、被改变。当一件事或一句话被定格在纸张上后，它好像立马就被通体刷成金色，任时光腐蚀它依旧稳稳地存在。并且，因为写信的时效性很差，很多写信时的想法，会在信纸的长途跋涉和时间的慢慢推移中，发生微小甚至巨大的改变，等你们收到我的回信，再回头想想就会觉得这是一件非常有趣的事情了。

写信这件事本身就是文艺且浪漫的。所以啊，这是我给你们写的第一封信，希望可以收到你们的回信！可以给我讲讲你们的近况，开心的、难过的、新鲜的、遗憾的事情。或者如果你们信得过我的话，也可以给我讲讲你们的苦恼，学习的、生活的、情感的、家庭的都可以，我毕竟比你们虚长几岁，也可以跟你们交流一下我的看法呀！

在拉萨的这一年我跟着你们成长了很多很多，所以不希望因为距离的原因，这个缘分就戛然而止，我还想继续伴你们成长！

所以，非常非常期待你们的来信！（可以单独写，也可以几个人一起写，当然也鼓励用英文写，哈哈！）

我已经迫不及待地想要给你们回信了！

我和我的花儿与少年们

王梦雅

王梦雅，山东潍坊人，中国海洋大学第 15 届研究生支教团成员，2016 年 8 月至 2017 年 7 月服务于贵州德江县煎茶中学。

　　前些天收到学生发来的消息，问我如何写好一篇作文，我这才恍然发现，那段支教时光已经过去五年了，我的花儿和少年们也步入高三，准备迎接高考了。离开煎茶的每一年，都会收到新一届支教团成员发来的图片，图片内容无一例外是我的学生曾发表在校刊上的文章，内容讲述着我和他们的故事。

　　还记得最开始接触"煎茶中学"这个名字，是通过支教团前辈们的一篇爱心帮扶的微信推送，当时我激动地对朋友说，这名字好美，"煎茶，煎茶……"我在图书馆默念了好多遍，它就像是有一种特殊的魔力，时常在我的脑海中响起。后来，同专业的学姐去煎茶中学支教，看她分享着在煎茶中学的点点滴滴，那种

我和学生们的第一张合照

从屏幕里涌出来的幸福，让人心生暖意和向往。

从递出支教申请书，到笔试、面试、复试，再到收获拟录取通知，整个过程让我浮躁不安的心慢慢沉淀。填报支教志愿地时，我毫不犹豫地填上了心心念念了好久的那个地方——煎茶中学。

踏入初一1班教室，第一次紧张又羞涩地与学生对视，我与50个可爱精灵的故事开始了。

开学第一课收集信息时，我记录下每个人的生日，然后准备每一份微不足道的小礼物。

元旦小假期，小胖从家跑到学校怀揣着他妈妈刚煎好的南瓜饼塞给我吃。

初春冷夜，一批批学生冒着雨跑来办公室看望生病的我。

调皮过后，办公桌上一封封自发交来的检讨书。

离别那天，躲在门后偷偷看我收拾行李而悄悄抹泪，也不肯进来和我说话的他们。

放假时打电话告诉我在偷偷攒钱，中考结束后要到青岛找我的激动。

…………

我记得每一个共处时刻，或欢愉，或苦涩，或紧张，或难过，这些在那16万多字的支教日记中存在着，也在我内心深处珍藏着。

从贵州煎茶到山东青岛，我跨越山海，却跨不过这段绵长的思念。回青返校

留守儿童生日会

甘载之约，共赴山海

158

读研后，经常收到学生们的消息。记得研一在图书馆为自己的功课抓耳挠腮的雨夜，我的课代表从贵州发来一条短信："王老师，今晚语文课大家都哭了，我们想你了。"看到这条短信的我，不知如何回复却已泪流满面。后来接管他们的语文老师微信上给我发来一段问候："王老师，今天作文写'生命中最值得感谢的人'，班上有一大半学生写的都是你。所以我想替他们谢谢你，谢谢你曾经出现在他们的生命中，从那么多作文中我看到了他们对你的不舍，也有学生表达了对你的歉意。"其实，真正要说感谢的是我，感谢他们曾出现在我的生命中。

2019年3月，告别煎茶的第625天，我和队友们再次启程。抵达煎茶的时候，我已顾不上转机、转车的劳累，一门心思想要快点见到他们。因为想给他们惊喜，此次返程并未告知任何人，联系到班主任时，得知他们下午有班会课，班主任邀请我在班会课上与他们见面。从一楼到三楼的距离只有几层楼梯，但我却觉得是从未有过的漫长。行至楼梯口处，教室里已经是欢天喜地的声声呐喊，再次站到讲台上，仔仔细细地观望着他们每一个人，话还未出眼泪先流。学生跟我说，得知我来的那一刻，班里最文静的男孩子都激动地拍着桌子隔窗张望，一遍遍地问："王老师怎么还没来啊？"班会课结束，和班主任一起与学生们在操场拍了一张大合照。

德国哲学家、教育家雅斯贝尔斯曾提出一个观点，认为教育首先是精神成长，其次才是科学获知的一部分。和学生相处的日子，我们之间不仅有学识上的传递，

重回煎茶的班级合照

更多的是精神和情感的交流。支教虽只有一年时间，但走过的路、看过的风景却永记我心。我能做的，或许就是关注我教的每一个学生，尽我所能，给他们带来知识、温暖和爱，支撑他们走得更远、更坚定。

今年，我的花儿与少年们已经奋战在高考第一线，五年间时来时往的关注从未离开，那就加油吧！花儿与少年们，追梦路上，期待再见！

这个人见人赞的画画天才让人心疼

李坤伦

李坤伦，山东寿光人，中国海洋大学第 16 届研究生支教团成员，2017 年 8 月至 2018 年 7 月服务于云南巍山文华中学。

小昭是我的课代表，2004 年生人，小我 10 岁，个子不高，短发，成绩中游，不爱讲话，总而言之是个并不起眼的姑娘。她之所以引起我的注意是因为所有人都喊我李老师，只有她喊我"Mi 老师"。

开始时我以为她没有听清楚我的自我介绍，于是还会经常提醒她，听到后她只是愣愣地看着我，然后压低嗓音喊一声"李老师"，但下次见面，她还是一如既往地喊我"Mi 老师"。时间长了，我也习惯了，便不再去过多地纠正她，她喊着，我就应下。

小昭喜欢画画，晚自习，作业做完之后她便拿出她的画本开始"创作"。她没有受过专业的学习，也没有什么复杂的工具，经常画一片星空，或是一条鱼。没有主题的创作有时会成为她一整个晚自习的乐趣所在。

之所以说她喜欢而不是说她热爱或者擅长，是因为她只会选择在晚自习的时候画画。"你有没有想过把画画作为一种职业?""画画，没法当饭吃啊。""怎么不能? 这个世界上有很多画家、艺术家，他们甚至站在这个世界的前列。"我惊讶地反问道。"我生在山里，要出去，只能读书。"她回答。

我哑口无言，一时不知该怎么跟她解释。

她从来不会把画笔和颜料带回家，也不会把作品主动拿给其他人看。画画对于她来说，虽然不是什么丢人的事情，但却成为一种难以启齿的存在。

文华中学一年一度的运动文化节召开了，在我的劝说下，小昭终于战战兢兢地上交了一沓作品。负责筛选的评委老师见到她的作品大为吃惊，展示优秀作品那天，好多学生围在她的作品前赞叹不已。

在某天傍晚，她小心翼翼地问我："Mi 老师，靠画画我真的可以衣食无忧吗？""我不敢保证，但是我的朋友做到了，而且他已经站在了我们的前列。"

哦，对了，后来我终于知道她为什么总是喊我"Mi 老师"了。原因很简单，她读小学时，村里来了一个云南当地的支教老师，叫"Mi 老师"，他送给了她人生中第一套画笔。

"雨"你同行

季雨

季雨，江苏响水人，中国海洋大学第17届
研究生支教团成员，2018年8月至2019年
7月服务于贵州播州区乌江中学。

每当提起"支教"一词，我的脑海中便会浮现出一望无尽的青山绿水，一张张纯真美好的笑脸和一段段珍贵而难忘的故事。如果时光能够倒流，我想我还是会坚定自己最初的选择，无悔青春。

海的那边是山。2018年夏天，我踏上了这段人生中别样而精彩的旅程。在一个云雾缭绕的清晨，我们一行人带着大大小小的行李，绕着盘山公路最终抵达了一所深居于山间的中学——乌江中学。中国海洋大学赋予我们海一般的博大胸

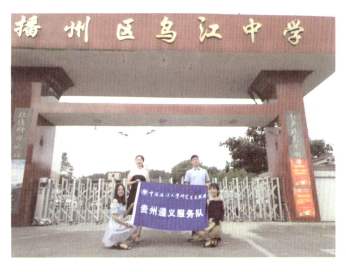

与其他队员在乌江中学合影

襟，培养了我们志存高远、勇攀高峰的精神。带着母校的殷殷嘱托，我们从红瓦绿树的青岛，走到了碧水青山的乌江，来到祖国最需要的地方播种希望，进行一场爱与奉献的接力，将海风吹进大山，把温暖传递到孩子们的心里，给他们注入改变命运的勇气和力量。

初登讲台，面对一张张素未谋面的面孔，一种陌生感涌上我的心头。随着教学工作的不断进展，我与学生之间的交流不断加深，也渐渐地从陌生变为熟悉，他们的淳朴热情给我留下了深刻的印象。在这样融洽的师生氛围中，我逐步建立起了对于教学的自信，心中也慢慢充盈起了一份初为人师的喜悦和期待。上课时师生间的思维碰撞，下课时口袋里温馨的小纸条与糖果，晚自习时走廊里的促膝长谈……与学生们之间真挚的感情令我铭记终生，一幕幕熟悉的场景仿佛就在昨天。所有美好的经历宛如星辰，在我人生的夜空中闪耀。

一年来，支教工作是琐碎冗杂的。我负责英语、地理的教学工作，任教以来，总计教过 2 个年级 7 个班级的 240 多个学生，累计授课 600 余节。在承担教学工作的同时，我还负责学校团委、国旗班、海韵英语角、关爱留守儿童等行政工作，我立志于丰富校园文化、厚植爱国主义情怀，提升学生与世界对话的能力，打开学生的心扉，尽自己的全力为学校发展做出贡献。承蒙母校的培育，我很快就胜任了工作，并用自己的所见所闻带领学生领略更大的世界，把美好的事物带到学生的心里。在体会到教师这一职业的辛苦的同时，我也意识到祖国广阔的基

与学生的合影

层大有可为。

　　功夫不负有心人，学生上课时积极上进的氛围和课下收获的好评让我感到欣慰，更有位老师在听完我的地理公开课后，说我是一位有教育情怀的老师。在看完电影《嗝嗝老师》后，我便一直相信，教育应是一棵树摇动另一棵树、一朵云摇动另一朵云、一个灵魂唤醒另一个灵魂的过程，其本质在于人与人之间心灵的沟通，也是依循生命本真的大爱。秉承着"一切为了学生全面发展"的理念，我在普通的工作岗位上书写着属于自己的精彩。

　　一年来，许多学生给我留下了深刻的回忆，一个小男生更是令我记忆犹新。在刚认识他时，他不喜欢笑，也不喜欢学习。在上课时，我经常会从教室的第一排走到最后一排，轻轻地把他从梦境带回现实。一次，我从他的英文作文中了解到，他父母离异，而且常年在外务工，家中只有他和年迈的爷爷相依为命。"孤独"一词在短短的作文里重复出现了 4 次，透露出的浓郁忧伤令人心疼。我决定为他做些什么。于是，小小的作文本变成了我为他排忧解难的"解忧信箱"、七彩儿童之家成为我们之间心灵沟通的舞台。我会为他讲述山的那边有关海的故事，激励他有朝一日能通过自己的努力看到更大的世界。

　　在我的鼓励下，他有了向上的动力，脸上的笑容多了起来，成绩也渐渐有了起色。直到有一天，他登上了期中考试的领奖台。他对我说："谢谢您，老师！长大以后，我想成为您。"在临别前，他问我可不可以送他一支笔。起初，我觉得这是他的天真无邪或是眷恋之情，便送给了他。在告别乌江不久后，我意外地收到了这样一条信息："老师，您看到我的成绩了吗？这是我给您的一份礼物，

班级中的小男孩

我用您给的那支笔证明了自己，如愿考上了重点高中南白中学，感谢您的帮助。如果有一天我能再见到您，我会亲手把它还给您。"

感谢你，可爱的孩子！是你让我更加感受到了此行的意义，也更加深刻地体会到教育的魅力在于互相成就！我为能照亮他的"孤独"，唤醒他迷茫的灵魂感到荣幸，也为这一年中能够参与他们的成长而感到无比的喜悦。

无悔黔行路，只恨太匆匆。所爱隔山海，山海皆可平。那些师生朝夕相处的日日夜夜仍历历在目，那段因付出、感动而分外充实的日子至今刻骨铭心。相信我们的告别并不是故事的终止，关于山和海的故事仍在继续。在未来，一定还会有更多动人的故事，等待我们去续写……

山川异域，风月同天

——我想你们了

缪红兵

缪红兵，云南会泽人，中国海洋大学第 17 届研究生支教团成员，2018 年 8 月至 2019 年 7 月服务于贵州德江县煎茶中学。

我在云南，你们在贵州，隔得是如此近，从昆明到贵阳乘坐高铁也仅需两小时。可如果没有支教这件事，我想不到还有什么机会去贵州，去认识那一个个淳朴的孩子，认识待我们如亲人一般的杨爸。离开贵州已近两年了，我有好多话想对你们说，就让我以信的形式与你们诉说，若有一天你们能恰好看到，定会如我一样怀念那一年的时光。

11 班和 12 班的同学们：

好久不见！还记得第一节课吗？那是你们从小学进入初中的第一节语文课，也是我在煎茶中学的第一节语文课。我和你们一样紧张，一样充满期待。后来有同学在作文里写道："我们都以为语文老师会是个老头子，没想到是个年轻小伙儿，看着比我们大不了几岁呢。"

很快，我们便互相熟识了，你们发现我其实是个严格的老师，我也发现教学工作困难重重。每节课上总有认真听课的人和调皮捣蛋的人，每次作业也总有认真完成的人和敷衍了事甚至干脆不做的人，我只能想方设法提高你们的学习兴趣，培养你们的学习习惯。我向优秀的老师学习，学习他们的讲课风格。我总是告诉你们下课就提醒我一下，我会马上下课。你们还记得有一堂课吗？我没有意

正在上晚自习的同学们

识到已经下课了，拖堂了五分钟，我问你们为什么不提醒我，你们告诉我："老师，你讲得太投入了，我们不忍心打断你。"于我而言，这是莫大的赞美。

　　小文，你是否还像从前一样勤于思考、积极发言呢？你在班上成绩拔尖，同时也很调皮，我总是在你身上"找茬"。也许和其他老师不同，我对成绩好的学生反而格外严格，只要你犯了一点小错我就会批评，有一点不良的学习习惯我就要纠正，虽然我在你面前总是很严肃，但老师的内心其实是很看好你的。还有小佳，你还记得我曾带着你走遍了校园吗？那次测试你抄了答案，我教育了你，而你却不肯承认，找了一堆借口，都被我一一揭穿。你很害怕，怕我惩罚你，怕我联系你的家长，我知道你那时已经知错了，便替你保密，还鼓励了你。从那以后，你学习更加认真了，也再没有出现作弊的情况，真棒！还有小芳，你一定觉得有趣，语文老师更关心你的数学学习，我总是教育你不能偏科，要分一点学习语文的时间去学习数学。你的语文作业总是完成得特别认真，测验的成绩也很好，尤其是作文，几乎每次都是范文，然而数学却总是不及格。你的同桌数学也不好，她总是去办公室问我数学问题，虽然一个学期也没有很大的进步，但是我相信，

支教结束前与
部分同学的合影

只要努力，就一定会有所收获的。

还有桂林，你是个自立自强的好孩子，你不喜欢说话，但是做事却很认真，还记得我们学的课文《说和做——记闻一多先生言行》吗？你就具有闻一多先生少说多做的优点。一次偶然的机会，我了解到你的家庭条件不太富裕，靠父亲一个人打工支撑家里人的生活，然而父亲身体也不好。我便单独找你谈话，希望你申请支教团设立的"海之梦·一帮一"奖助学金，但是你说自己不需要，你说自己可以的。我与你的父母联系，了解过你的家庭情况后，还是帮你申请了下一学年的助学金。这并不丢人，你可以利用这一点助学金改善自己的学习条件，成为更优秀的你！

江南，你是班长，热衷于参加学校的各种活动，朗读比赛、舞蹈比赛，你都会积极参加。你的普通话很标准，朗读也很有感情。我能看得出来，你每次练习都会和自己较劲，每次都能有所进步。在正式比赛的时候，你们发挥得很好，一起拿了奖，为班级争得了新的荣誉，我在台下也衷心地祝福你们。

还有许许多多的同学们，我还有很多话想对你们说。一年过得很快，回忆却那么多。还记得最后一节课吗？上完课后你们问我："老师，你真的要走了吗？能不能别走，读完研究生以后再回来教我们吧！"我答应你们在你们初中毕业以

169

2018年12月18日

主办单位：德江县煎茶中学
承办单位：教育室、团委、校...
协办单位：...海大研支...艺术团

在爱国主义核心教育系列
活动期间与班级同学合影

前，一定回去看望你们。我记得那节课之后是一节体育课，你们做完运动后便找我一起拍了些照片。我现在也时常翻看那些照片，看着照片上的面孔，你们仿佛就在眼前。我一定会回去的！回去听听你们稚嫩的声音，回去看看你们黝黑的脸蛋，回去与你们聊聊学习，聊聊同学的八卦。那几个想去打工的同学千万不能辍学哦，你们还要等老师回去呢。

希望你们都能学习进步，无忧无虑！

缪老师

杨爸：

您最近还好吗？杨妈的身体还好吗？刚到煎茶的时候，学长学姐就交代我们一定要去看望您，当时我还不知道为什么大家都叫您杨爸，我只知道您是煎茶中学的一个老教师。在后来的日子里，您一次次邀请我们去家里做客，每次都会弄一桌好菜，像对待自己的子女一样和我们谈心，为我们解惑，假期的时候还会带我们去周边游玩。慢慢地，我们见到您真的就像见到自己的长辈一样，忙了一段时间以后总盼望着在周末去您的家里开开心心地吃一顿您亲手做的好菜，尝一尝您精心酿制的好酒。记得有一段时间，我在朋友圈里发了负能量的动态，周末去您家里吃饭，刚一见面，您就关切地问我："最近是不是有什么心事？来，我们一起聊聊，要是不想说我们就喝杯酒再说，说出来就好了，要是没好大家帮你想

170

办法。"其实当时听到您这些话，所有的负能量也就烟消云散了，杨爸，谢谢您！您还记得我离开煎茶的前一天晚上吗，我们和您坐在一起喝了点酒，聊到了很晚。我第二天走得很早，您还是起床送了我。我们每个人走的时候您都送了，我们都很感动。在煎茶一年的时间里，您像亲人一样给了我们那么多关心和照料，您对学长学姐也是如此的关爱，我相信只要一提起煎茶，提到支教的生活，我们就一定会想起您，想起您做的好菜、泡的美酒以及对我们的那些教诲。

　　希望您和杨妈都身体安康，快快乐乐！

红兵

　　就让我用一张照片作为结尾。

与负责资助的两个高二学生的合影

伪兽医辅导员的迎新记

王家琪

王家琪，河北石家庄人，中国海洋大学第17届研究生支教团成员，2018 年 8 月至2019 年 7 月服务于西藏拉萨市西藏职业技术学院。

西藏职业技术学院动物科学技术学院，是那一年我供职的单位。为了偷懒给网购快递的东西安一道护身符，好让学校门卫可以收留它们过夜，我的收件人一栏改成了"动科院王老师"。有一次取百世快递，小哥问："动科院王老师，那您是兽医吗？"咦，突然感觉有点酷。顺口回了个"是"，从此就成了快递小哥嘴里的兽医老师。

动科院是真的卧虎藏龙，或者说是卧虎医、藏龙医。学院里端坐在电脑前整理学生名单、查签到表、排课表的老师们，走进实训楼摇身一变，穿上白大褂，或者还没来得及穿上，就开始商量给被狗咬伤的羊输液，喂生病的鸡吃药，刚送来的兔子在哪里养，实验室新进的双氧水和抗生素放哪儿，要不要解剖刚刚死掉的怀着小羊的母山羊。

刚刚结束的周末，王兽医刚刚结束了学院的迎新。6 月初高考完放假，9 月中旬开学，三个半月的假期，西藏职业技术学院的新生可能刚刚收获了全国最长的暑假。2018 级动科学院的新生共招录 299 人，全部加起来的话，2018 年动科院新生一共有 777 人，感觉数字很吉利，可能马上要中个大奖。2018 级之前，动科院招收的学生里没有汉族的，2018 年就有点开心——有 19 名内地的汉族学生，除了陕西人、山西人和四川人，还有一个来自广西北海，一个我的河北老乡。

迎新时的合影

一个半月来，朝夕相处的全部是有点腼腆、不善表达的藏族学生。他们转过身去用藏语聊得很开心，回过头来却跟你讲不出多少话。你努力放慢语速，换用更简单的词汇和语法，鼓励、引导他们多和你聊天，但不管多么努力还是改变不了他们的无动于衷。

第一次新生班会，一个高高的藏族男孩站在讲台上做自我介绍，定了快五分

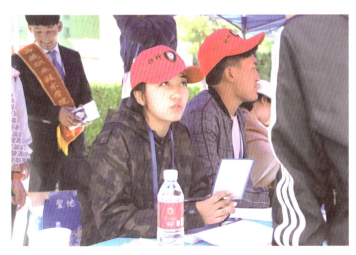

在迎新现场

173

钟一直捂着脸，一个字都说不出。班里其他同学，加上我，总共不超过三个汉族人。担任助理的藏族学姐不停用藏语和汉语鼓励他讲话，也丝毫不起作用。终于，他可能是手举麻了，也可能是脚站累了，惶惶地用很小的声音讲出了自己的名字，逃也似的奔到教室最后一排。相比之下，毕业班的学生要进步很多，自告奋勇去串班纳新的篮球队长，非常顽皮，挤走正要讲话的老师，一脸"这是我家"的得意表情站到讲台上。本来以为他能把篮球队好好夸一夸，结果憋了半天只蹦出来一句"有人要加篮球队吗"，再没有下文，听得我是又想笑又有点着急。

迎新现场解答问题

迎新现场的桌牌

　　这里有干净的空气和单纯的人。我的小兽医们啊，一年的时间好短，我还可以再为你们做些什么呢？

山水一程，愿我们来日再相见

王舒琪

王舒琪，河南南阳人，中国海洋大学第 17 届研究生支教团成员，2018 年 8 月至 2019 年 7 月服务于云南巍山县文华中学。

我从海边来，到大山深处去；

我离开大山，思念绵延不绝；

如果可以，我想带你看看这广阔天地。

我读了很多年的书，走了很久的路，才有幸走进了滇西这群学生的青春韶华，遇见可爱的他们。

我记得，陪伴 288 班的学生在操场上打篮球；我记得，因为不按时吃饭，上早自习时总被 289 班的学生批评；我记得，初一的学生邀请我品尝傣族饭，教我巍山话；我记得，那个午后，从解忧信箱取出学生的烦恼；我记得，运动会上他们朝我笑、一脸骄傲的样子；我记得，我第一次走上讲台，声音发颤、四肢无力；我记不清每一个学生的名字，但我记得每一个人的特点，我记得他们的脸，被调皮的孩子气哭过，也被懂事的孩子暖心过。

与其说，是我教会他们知识，让他们有了追逐梦想的勇气；不如说，是他们在治愈我，同馈给我最纯真的感动，让我成长，使我内心强大而不再怯懦，直面一切挫折和困难。

如今我离开巍山已将近三年，但我仍清晰地记得，走过的四方街、吃过的炒饵丝、热闹的火把节以及那下关的风、上关的花、苍山的雪、洱海的月。

回青岛后，我收到了很多好消息。"老师，我考上大理一中了。""老师，我是巍山一中前一百名。"纸短情长，难掩喜悦。我也以学生的身份再出发，希望来日能再遇见。如果可以，我想带你们看看这广阔天地。

年年岁岁寒来暑往，岁岁年年春夏秋冬。一年的时间很短，但我的一生，因为支教，比别人多了一年。来之前，我以为他们只是我漫长生命中不停留的过客；走之后我明白了，他们是我这辈子都会记得的人，我不是来过南诏古城的游客甲，我是日夜期待与他们在更好的未来重逢的王老师。

关于银杏，秋会记得；关于你们，我会永远记得。

山水一程，三生有幸

魏薪郦

魏薪郦，河北保定人，中国海洋大学第20届研究生支教团团长、德江服务队队长，服务于贵州省铜仁市德江县煎茶中学。

说起支教，思绪就回到大四毕业那年。那年，我报名参加了学校研究生支教团的选拔，很幸运，我和我的 18 位小伙伴成为中国海洋大学研究生支教团第 20 届的成员，故事就从那时开始。

我和刘琨、范庆春、吴月娇、缪红兵是我们这届支教团贵州省德江服务队的支教老师。德江是中国海洋大学研究生支教团服务时间最长的地区，我们倍感光荣，也深切感受到自己的责任。我们五个人支教的学校是德江县煎茶中学，中学在镇子上，学生朴实而可爱。支教的时间是一年，这一年中，学生对我的称呼从英语老师到老师再到姐，让我温暖而感动，每次回想起那时的点滴，眼眶都会湿润，点点滴滴的回忆在我的心底深深地扎根，说实话，真的好想那里的学生。

到达煎茶中学是晚上，负责接我们的是团县委和煎茶中学的两位志愿者和老师。我们五人乘坐火车、飞机、大巴、小绿车（往返县城和支教地的农村幸福小康车），最终到达我们即将生活、工作一年的地方——位于煎茶镇的德江县煎茶中学。

我们都是第一次当老师，虽然之前接受过一定的培训，但是心里还是十分紧张，接到任务后，开始购买各种教辅进行备课，讨论如何上课，怎么介绍自己，怎样给学生"立规矩"，生怕管不住支教团前辈口中的"小皮猴子"们。

我在上英语课

因为我们到的时候还没有开学，学校食堂和周边的饭店都没有开门，我们每天吃饭都要去比较远的地方，于是顺便逛了逛煎茶镇，找到卖菜、赶集和买生活日用品的地方，方便以后的生活。

高中部先于初中部开学，本以为我会成为我们五个中第一个正式站上讲台的人，但是我所带的7班和8班教室被占用，7～9班的学生被安排在一个大教室里上自习。这一个星期我都是在看学生上自习。我第一次去看自习的时候，整个大教室混乱不堪，同教学组的老师和我说，支教老师管不住学生是正常的，有困难可以找他。向他表达谢意后，我暗暗发誓，一定要凭借自己的力量维持好纪律。所以，我看的第一节自习，虽然大教室中有一个班不是我教，我还是给了他们一个下马威，罚了那些小声说话的同学抄写单词，导致在高一级部都传开了，说有一个来自青岛的很凶的教英语的女老师。

在另外四位队友的课堂生活开始一个星期后，我也开始上课了。队友们的"预防针"十分有效，我提前了解到学生的基础和对英语的抵抗情绪。第一节课主要强调课堂纪律，之后从英文字母教起，果然，虽然是高一的班级，但是大概有将近一半的学生掌握不了26个字母。根据安排，我一周有四个早读，每天我都会一个单词一个单词地领读。王校长路过我的班级时，都会驻足听很久，然后在大会上鼓励这种做法。功夫不负有心人，我所带的班级在第一次月考中分别取得年级平行班第一、第二的好成绩，之后一直蝉联，有两次平均分和最高分还超过了实验班。这给了我极大的信心，我也渐渐掌握了教学规律，更加有信心将他们教好。

学生主动查询成绩

　　给我印象最深的是他们对学习成绩态度的转变，第一次月考后学生中没有人关心成绩，为了让他们有学习意识，我将成绩的分析打在了大屏幕上，用了整整三节课的时间给他们讲评试卷和成绩，让他们写考后反思。在后来的学习中，他们会主动问我成绩，考试不理想的同学，也会主动来找我分析问题，让我帮他们补习功课。

　　对重点贫困小学的帮扶主要是几个村子的小学，主要有堰盆小学、桂花小学等。这些学校，一个班级大概 10 个人，老师少，教学物资短缺，我们会通过科技课程授课、物资捐助的方式尽一份力。那里的学生看到我们去，由最初的羞涩、胆小变得大方，展现着孩童的天真。

　　在支教过程中，我还负责学生会工作以及广播站的运行和管理。考虑到学习是他们的本职工作，我要求每个人只能参加一个组织。纳新、组织、分配工作、成立大会、每周例会、年中总结、学期表彰等工作我全程参与，看到学生对工作由陌生到挑起大梁，我十分欣慰。最初，我就和他们说，我是你们的好朋友，我们都是我们学生会、广播站的一分子，要共同建设我们的大家庭。所以，学生会、广播站的学生在开始就和我走得很近，称呼我为栗子姐。他们会和我分享生活中的事情，吃到好吃的小零食，也会送给我一份。支教团还承担着留守儿童的心理疏导工作，我们每个月会为留守儿童举办生日会，平时会组织他们读书、聊天，进行素质拓展，让他们知道，我们也在关心他们，温暖他们孤独的求学生活。

学生会、广播站表彰大会

和孩子们的课后聚会

同样的世界，多彩的人生。我当初怀着希望与梦想奔赴煎茶，一年后带着学生的爱回到海大。经历了这一年后，"支教一年，自教一生"于我不仅仅是一句口号，而是发自内心的感受，是真真切切的成长。当离回校的日子越来越近时，学生总是在课间为我带来可爱的糖果和自己的手工小礼物，偷偷地在门口等着想和我多说几句话。上课的时候他们总是会问："老师，你可以不走吗？老师，你会回来看我们吗？而且还说："老师，你会舍不得我们的！老师，你一定要回来！"

最后一节课的时候，我将班里所有学生的名字点了一遍，仔仔细细看了他们每一个人，想认真记住每一张天真的笑脸，记住他们喊出的每一句"老师"……能与他们共同度过一年的时间是幸运的，能拥有这么多可爱的学生的爱是幸福的。支教的生活会有许许多多的酸甜苦辣，有担心，有生气，但是在最后的时候，我们只是希望时间过得慢一些、再慢一些，想多看看陪伴我们一年的学生，想深深地记住同家一样的煎茶中学……

现在结束支教生活已经930多天了，说起在煎茶中学的支教生活，淳朴的学生，对我们照顾有加的杨爸杨妈，关心我们的师长，还有县团委的志愿者们，点点滴滴还历历在目。从煎茶中学走时，除了一些必须带走的文件和路上必需的物品，我带走的只有学生写给我的信，两个班级加上学生会、广播站还有一些接触过的学生都给我写了信，我认真地收好，放在自己的书房里，每次回家都会看上几封，看着稚嫩的文字和他们朴实的语言，就会想起和他们一起度过的那段时光。我想，在今后回忆的时候，每每想起那里的学生，我就会笑出声来；每每谈起那里的生活，我就会热泪盈眶。

好在曾经拥有你们的春秋冬夏

丁怡

丁怡，陕西宝鸡人，中国海洋大学第18届研究生支教团成员，2019年8月至2020年7月服务于云南省巍山彝族回族自治县文华中学。

转眼间离开巍山已经500多天了，多次计划返回那座小城给可爱的学生们一个惊喜，却各种原因未能成行。在巍山的一年，好像是一场极为真实的梦，蔚蓝的天空中飘浮着大片的云彩，天边的晚霞绚烂多姿，学生的笑容纯真明媚。很庆幸我那时的选择，为自己留下了这份专属的记忆。

开学当天，我突然收到晚上要去初三299班上晚自习的消息。没有人知道我当时有多慌张，突然觉得自己什么都还没准备好。怎么讲课？怎么让学生跟上节奏？怎么和学生沟通相处？一系列的问号瞬间充满了整个脑袋。上课前五分钟我就踏上了教学楼的楼梯，脚上像是灌了铅，一步也迈不动。我紧紧抓着旁边的

学生合影

批改作业

扶手，好像这样才有了依靠和力量；心怦怦直跳，突然响起的上课铃声把我拉回现实，我鼓起勇气走进了教室。进教室的那一刻，学生猛地安静下来，我抬起头看到一双双闪着光的眼睛。"大家好，我是你们的化学老师。"这是我站在讲台上说的第一句话，也是我和他们故事的开篇。

我所带班级的整体成绩在全年级来说并不算好，在见到他们之前，我给自己做足了心理建设，总是告诉自己只要尽力就好，不求结果好坏、成绩高低。但看到学生一张张灿烂的笑脸，我下定决心绝不放弃任何一个学生，就算成绩提高不了，但至少让他们知道这个世界不仅仅是这大山中的一方天地。那天，我拿出一个晚自习的时间来跟他们讲故事，我通过照片、视频等各种方式讲述那些我曾看到的风景、走过的路和遇到的人，希望他们也可以看看大山外的世界。将近一个半小时的时间，学生仰头仔细听着、看着、笑着。在晚自习的最后，突然有个学生叫住准备离开的我问道："老师，你说学习到底是为了什么啊？"我笑着告诉她："为了能去看更广阔的世界。"

在文华中学，我担任两个住校班的化学老师。一年前，我心里满是忐忑不安；一年后，每当提起这两个班，我满心欢喜。在上学期的理化竞赛中，我带的班荣获1个一等奖、2个三等奖的成绩足够让人骄傲。在几次考试中，其中一个班在住校班中一直名列前茅，并且向着年级平均分一步步靠近。

中考一天天临近，学生的压力也越来越大，我们的支教组办公室成了一个"全科补习教室"。每天下午的大课间，总有学生带着各种各样的疑惑和问题敲开办公室的门，从物理、化学到数学、英语再到语文、历史，只要有学生提问，我们就尽全力解答。人数从最初的一两个到三五成群，直到最后我们五个人身边满满当当地围着学生，整个办公室都是此起彼伏的提问和讲解的声音。看到他们从小心翼翼地提问，到骄傲地摆出试卷；看到他们一点点进步和成长，我们每天的心情也跟着起伏。他们试卷上的错题越来越少，答题思路越来越清晰，我们知道自己的努力没有白费。

随着跟学生接触的时间越来越长，我发现大多数学生并不是不爱学习，也不是天生爱捣乱，只是在成长的过程中缺少一些适时的引导和鼓励。我不断鼓励每一个学生积极回答问题，不论对错；提醒他们早睡早起，保证课堂上的听课质量；叮嘱他们及时增减衣物，注意天气变化。

其实，每个学生都是宝藏，我们经常会收到来自他们的惊喜。有时课堂纪律不好，就会有学生主动维持纪律，保证课程的顺利进行；有时我身体不适，会有学生送来一句句关心；走在校园里，也总会听到一句句"丁老师好"，有时我甚

课堂上

至能立刻听出是谁的声音。还有几个整体成绩相对靠后的学生，在每次的化学考试中都能不断进步，逐渐向着及格线靠近。

他从教室角落里起身，主动担任我的课代表，瘦小的身躯抱着一大摞练习册穿梭在教学楼和办公楼之间，但他总是笑着来、笑着走。一次，我们偶然在操场遇见，他喊住我，把我介绍给身边的其他男孩们。那天，我才逐渐发现这些学生其实并不像平时展现出的那么调皮捣蛋，而是有几分他们这个年纪独有的可爱和幽默。一年时间过去，他还是窝在教室的角落里，但是每次相遇他都会挥着手笑着跟我打招呼，会塞给我一根棒棒糖，会在我喊他时迅速出现。

她就像是初中时的我，风风火火，好像从来没有什么烦恼。有一次我在班里发了好大的脾气，甚至说让他们自己选个别的班的化学老师来接替我。她抬起头看着我说："那我们只要隔壁298班的化学丁老师。"我当时感觉心突然被什么击中了，回过头强忍住即将流下的眼泪。说实话，在那之前，我一直以为他们并没有多在乎我。

他们会搬着板凳坐到前排听课；会跟我讲讲自己家里的情况，发发小牢骚；会委屈地说着与朋友间的矛盾；会悄悄抱怨父母的不平等对待；会用戏谑的语气告诉我家里的贫困状况，殊不知我们早已悄悄关注许久。这100多个学生都深刻地印在我这段记忆里，尽管他们可能有或多或少、或大或小的不完美，但都是我的学生啊。

可是，故事终究是要结尾的。那时的我总觉得一年的时间还很长，和学生的故事好像永远没有结束的那天。中考前的最后一个晚自习，教室里异常的安静，只有我在不住地叮咛和嘱托，到那时我才猛然发觉我们的故事好像已经走到了尾声。我并不是一个泪点很低的人，给学生树立的形象也是无坚不摧、永远笑着乐着、就算生气也不会暴躁的老师，我偶尔不经意地撒娇甚至还被他们叫成"幼稚鬼"。但那天的下课铃声却格外刺耳，我用尽全身力气压抑住流泪的冲动，向着所有学生鞠了一躬："大家加油，我在未来等你们。"简单的一句话说出后，我却像整个人被抽空了。

"天下没有不散的筵席"，短短一句话说得简单，做的时候太难。希望我的学

支教留影

生能永远记得在几千公里外的地方还有一个人一直挂念着他们；希望他们能尽快长大，找到各自未来的方向；希望他们能保重好身体，早日长成真正的大人；希望他们能永远保持温暖乐观，全世界美好的东西都能紧紧包围着他们；希望他们别忘了还有一个我在未来等待着更好的他们。

感谢学生给我带来这独特的四季，希望他们一切都好，希望我们的故事永远没有结尾。

支教心语

——感谢相遇，不说再见！

郭太远

郭太远，山东潍坊人，中国海洋大学第 19 届研究生支教团成员，2020 年 8 月至 2021 年 7 月服务于西藏拉萨市拉萨北京实验中学。

我与他们 ——师生情

2020 年 7 月 22 日，中国海洋大学第 22 届研究生支教团西藏服务队一行五人从山东济南启程，中转青海西宁，穿过美轮美奂的可可西里，翻越海拔 5000 米的唐古拉山，历时 46 小时列车车程，安全抵达雪域圣城西藏拉萨。从这一天起，我和拉萨北京实验中学的故事开始了。

新学期周一的早读就是我的生物课，虽然我在内心已经排练了千遍万遍，但

支教留影 1

是在整个学年的第一节课就要向学生介绍自己，说实话，我还没有准备好。不过，在我走上讲台看到学生的青涩脸庞的那一刹那，一切都烟消云散了。虽然我还不知道关于他们的一切，但我知道我是他们的老师，我必须向他们展示一个自信的自己，在这一年里我们会成为最好的朋友。

我不是特别严厉的人，伴随着教学的进行，我发现班上的学生逐渐在课堂上活跃了起来，学生都认真听讲，我也乐于营造一个活泼的课堂氛围。但是总有人会打乱我的教学节奏，还没上几节课，一个叫旦增央珍的女生就进入了我的视线。她一上课就开始找书，把我一开始定的做好课前准备的规矩都抛在脑后，找完书可能会扎辫子，然后系鞋带、扔纸团、整理书本、整理文具、叠衣服等。我不禁对自己产生了怀疑，难道我的课就真的这么没意思吗？一开始，我怀疑她是多动症，我问了班主任、问了年级组的其他老师，大家都一致认为这个女生是没法管的，只要她不打扰别人就可以了。最后的事实也证明各位老师的判断是正确的，可是当时的我并不甘心，以至于旦增央珍认为我在针对她，每次被我抓到时都会一遍又一遍地认错，可是从来没有改过。

我第二个对自己产生怀疑的瞬间是在体育课上，班里打篮球的男生经常跟我表示，要在体育课上跟我较量一下，在某个下午我终于满足了他们的心愿。但当我们真正站在体育馆里对垒的时候，我不禁又对自己产生了怀疑：对面这几个炯炯有神的帅小伙真的是在我课上眼睛都睁不开的那几个瞌睡虫吗？我带着满满的疑问走进了年级组，王伟老师大笑着跟我说："没错，这就是咱们的学生，他们对除了学习之外的任何事情都很感兴趣！"好吧，我明白了。

当然，和学生的相处中也有遗憾，在拉萨市运动会初中男子三人篮球的选拔中，最后一个名额将在一个我不认识的男生A和2班（我带的班）的洛南中产生，他们俩实力不相伯仲。但我知道高高瘦瘦的洛南上个学期刚因为打闹受过伤，吊着胳膊听了一学期课。我知道洛南很急切，但为了安全起见我最终还是跟体育老师商量，让更强壮的男生A入选。我做出决定后就后悔了，我知道洛南很想加入这支篮球队，希望他不会怨恨我。

离别的钟声总要敲响。学业考试前的最后一节课上，我像往常一样在班里慢

支教留影 2

慢踱步，督促他们背诵，不经意中看到了他们藏在书包里、桌洞里的哈达。感受到了离别的气息，知道一会儿将要发生什么，我的眼眶已经开始湿润了，我转身面向黑板深呼吸着平复自己的伤感。最后五分钟我交代完了考试时应注意的一些事情，虽然还没下课，但我看到小旦他们就要拿着哈达往讲台上冲了，我受不了这个场景，我强装严厉地让他们坐回座位上去，但扭头就开始偷偷擦眼泪。终于，下课铃响了，学生们拿着哈达冲到讲台上来，我摘下眼镜无力地倚在讲台上，双手捂着脸，学生们也红着眼跟我说："老师，拥抱一下吧。""老师，不要哭，我们还会再见面的。"可是，我知道真的要走了，感受到哈达一条又一条地挂在我的脖子上，我不禁又回想起课堂上的一点一滴：白措又在跟不知第几任同桌"干架"了，次仁曲吉又用半闭着的眼睛看我了，措吉又在傻笑了，欧巴又在偷写小纸条了……我拥抱了每一个学生，但我不知道下一次拥抱是在哪年哪月的哪个地方。

欢送会上，听到了学生们以前从来没有机会对我说的话。白措说："郭老师第一来的时候胆子有点小，声音也特别小，我们都在后边说他是胆小鬼，上他的课都很放肆，但是后来他的声音越来越大、越来越'凶残'，都不敢在您的课上捣乱了。"巴德哭着说："我并不是特别喜欢生物这门课，但是您来之后我就越来越喜欢生物了。还记得第一次生物模拟实验考试时，你是我的评分老师，因为是第一次考实验操作，我很紧张，所以在操作过程中出现了很多错误，只得了 24

分，我的眼泪不受控制地哗啦哗啦掉，您就跟我说了很多话来安慰我，心里就好受些了。转眼您就要离开了，真的挺舍不得您的。我们班所有的同学都很喜欢您，把您当成女生的大哥哥，男生的好哥们儿。您一定要常回来看看，二班的门永远为您开着。"

7月18日下午，学业考试的成绩出来了，他们真的很棒，成绩非常出色。我明白我的教学水平和当地教学多年的老教师相比还有很大差距，但我明白，每一分都包含了学生和我之间深沉的感情，他们这一年真的很努力，他们配得上这个成绩。

能够有幸加入教学团队是我这一年来最幸运的一件事。如果说跟学生在一起是教学相长，那么跟其他老师在一起就是默默汲取：曹姐教会我公正公开、细心周到地处理每一件事、对待每一个人；次央老师教会我热爱工作、热爱生活；旺堆哥教会我在任何时候都要保持洒脱；松哥教会我勤勤恳恳、认认真真地对待每一项工作；建鑫哥教会我什么是耐心、容忍；还有在生活中经常关照我、经常带我出去玩的琳姐、华姐、苗苗姐、菲、旦曲、刚组以及在我最困难的时候开导我的大宝。

或许未来的某一天，我还会走进那里办公室的门，坐在办公室里，大姐给我倒上一杯茶，然后给花浇水，曹姐在跟其他科室的老师交流问题，旺堆哥在整理老师们的档案，松哥在准备下一节物理课，苗苗姐在跟援藏老师打电话，琳姐在写简报，建鑫哥在跟学生家长沟通，江白老师在给学生解答问题，华把点的早餐分给我，菲跟我分享昨晚刷到的抖音，且曲在批改学生的作业。很幸运在这一年里遇到了这个互相包容、互相鼓励的大家庭，我的整个大学生涯几乎都是在比我年长的人的照顾和关怀下，没想到在拉萨也能有这么一群无条件默默支持我的人。遗憾的是，刚熟悉不久大家就要分开了。

　　这一年把我变成了一个更感性的人，在拉萨的这一年里有太多值得感动的事情，时常会不自觉地流下泪来，是被学生们真挚的情感打动，也是对自己未能做到的事情的遗憾吧。

　　要感谢的人很多，太多人为我一年的支教生涯进行过指引，没有他们就没有现在的我。最要感谢的是初二2班学生最深沉的陪伴，他们把我当作大哥哥，我也会铭记他们每个人的名字。这份经历是我青春中最为宝贵也最为浪漫的回忆，它们将在未来的漫长岁月里，时时刻刻提醒着我奉献的意义。

人生何处不相逢

王亦欣

王亦欣，中国海洋大学第 19 届研究生支教团成员，2020 年 8 月至 2021 年 7 月服务于贵州省遵义市播州区乌江中学。

甘载之约，共赴山海

　　一年的时间有多长？一年的时间很长，我已经渐渐习惯这里的生活；一年的时间很短，来不及说声再见就要离别。这里的生活恬静安宁，却不乏滋味；这里的生活简单平淡，却充满感动。这一年，我结交了优秀的好友，结识了经验丰富的教师，遇到了一群可爱的学生。这一年的美好故事已在我心底留下深深的烙印。

　　2020 年，我来到了贵州遵义，来到了乌江中学。在得知我是第一次来贵州后，热情的出租车司机生动形象地告诉我，这里"天无三日晴，地无三尺平"。往后的日子里，我们遇到的崎岖道路、连日阴雨仍不断地提醒着我这句话。

支教留影 1

192

支教留影 2

　　贵州的雨，一下就是大半个月，我时常会体会到这里的"淫雨霏霏"。但是，雨水与泥土的气味、湿润扑面的空气和萦绕山间的云雾安抚了我内心的躁动，让我看见了美，也学会了感受美。

　　来贵州生活了一段时间之后，我逐渐适应了这里辛辣的饮食和湿润的气候。不知不觉中，这里已然成为我的第二个家。糟辣椒、乌江豆腐鱼、雷椒茄子拌饭，还有学校食堂早晨的自助米粉成为我每天的快乐源泉。

　　一直以来为我们忙前忙后的包校、肖校、姚书，每次路过办公室都会进来和我们探讨教学的杨校，还有经常让我们蹭车下山的辉哥、刚哥，以及在教学上给予我帮助和指导的英语组和文综组老师们，他们用热情包裹住我们。

　　我喜欢贵州的湿润、喜欢贵州的酸辣、喜欢贵州的热情。

　　支教的学校在乌江边的山顶上，只有一栋教学楼。学校里的灰墙白瓦、老式贴砖、昏暗的白炽灯展现着这里相对简陋的教学环境。初次来到这里时，我的心里是忐忑的。我怀疑自己能否坚持留在这个地方，是否有勇气面对这样的困难。可是在脱贫攻坚关键之年、中国共产党成立一百周年之际，作为一名中共党员，我必须完成扶贫支教的光荣使命，不辜负学校、老师和学生们对我的期望。

　　平时教学工作之余，我们还会一起去家访，了解偏远地区学生的家庭情况。父母外出务工、爷爷奶奶年老体衰而无暇顾及留守儿童成长的现象成为常态。这样的现实迫使着这里的孩子不得不承受着无形的压力。看着他们或兴奋或腼腆的

支教留影 3

纯洁眼神，我的心是酸楚的。

回到学校，我开始思考：我能为他们做些什么？人是要活出意义的，所以我想让这一年的支教是有意义的，也是有温度的。为这些孩子打开一扇窗，让他们走出大山，跨过鸿沟，能与其他人平等地欣赏这个世界。这，就是我的使命。

以前总是仰慕老师、在讲台上意气风发、激扬文字，人生第一次当老师，反而新鲜又紧张。在还未正式上课前，我已经想过无数次自己站在讲台上的样子，可是当我真正走进教室时却还是止不住地紧张。我害怕自己讲错知识，害怕不能为人师表，害怕学生感到无趣而厌学。课上，当几十双乌黑发亮的眼睛看着我的时候，我终于切身体会到了老师的责任。

于是我开始钻研课堂、钻研教学，不仅全面掌握知识点，还学会了在课堂上"表演"。我负责七年级1班的历史和3班的英语教学工作，两个风格迥异的班级，时常让我处于"分裂"状态。在1班我是温柔幽默的王老师，在3班我是不苟言笑的 Miss Wang。

尽管我这个"双面老师"经常会被两个班的学生小小地调侃一下，但在成绩方面，不论是1班还是3班的学生均有了不同程度的提高。我欣喜于我和学生共同努力所取得的成绩，也更深刻地体会到了教师这一职业的伟大意义。

"老师，你会永远记得我们吗？"

"会！"

记得你们认真学习的样子；记得你们成绩取得进步时开心的笑脸；记得总在

支教留影4

上课时调皮捣蛋、惹人生气的"小闹钟";记得下课悄悄递纸条给我,分享心事的女同学;记得与你们打羽毛球时的酣畅;记得离别时行李箱里满是你们充满心意的卡片;记得你们抱着我,泪水浸湿了我的衣衫;记得那晚我们哭了很久。

那一天,我关掉了手机里每天叫我早起的闹钟,拖着行李箱走出了乌江中学的大门。离开之后的日子,每天早上起来看着天花板的时候,端着饭碗吃饭的时候,在书桌前翻书的时候,在城市里行走的时候,在准备入睡的时候,脑海里总会浮现在乌江的日子,也会突然涌上一股失落。"人生何处不相逢"何尝不是一种妄言,但我心里一直在期盼,也许真的有那一天,我们会成为更好的人,然后再次相遇。每每想到此处,我就会抬起头,继续向前。

人生终有分别,但重逢可期。

时光若动人，何不常回看

丛沛华

丛沛华，中国海洋大学第 20 届研究生支教团德江服务队队长，2021 年 8 月至 2022 年 7 月服务于贵州省铜仁市德江县煎茶中学。

甘载之约，其赴山海

7 月份的煎茶艳阳高照，我与队友们一起坐车来到煎茶中学，明媚的阳光照亮了学校的每个角落，一草一木、一砖一瓦显得格外靓丽，让人分外放松。来到这里之前，听到支教前辈对支教生活的形容都是美好的、难忘的。蓝天白云、依山傍水的煎茶中学，正是前辈们口中的样子，也是我想象中的样子，对未知环境的不安、对未知生活的忐忑，在那时都烟消云散。

刚到的第一个任务只有一个字——搬。住宿的地方和办公室由于学校规划的原因需要变动，因此开始了为期几天的搬迁"大动作"。作为队里唯一的男生，我着实获得了一次锻炼身体的好机会。好在有其他老师的大力帮助，我们终于得以迅速安顿下来，开始打理新住处——"四层小别墅"。新的住处有种家的感觉，几间房、一个客厅、一个小厨房、一个茶几、几张床，也就是在这样的环境下，我与队友们开始了一年的支教生活。

经过一个月的漫长等待，8 月 30 日，我终于第一次作为一名教师站上讲台，回忆着提前准备好的开场白，一副严肃的表情，上完了支教生涯的第一堂课。看着学生们的表情，他们有的脸上写着好奇，有的写着害怕，有的写着无聊，有的写着不屑……这不禁让我回想起我的初中时光，面对不同的老师，面对不同的课堂，心中也有不同的情绪，正如我面对的这些学生一样。这时，我才能真正换位

支教留影 1

思考，真正体会到老师的辛苦，体会到老师面对不听话的学生时心中的复杂情感。也正是这时，我对未来一年的教学工作产生了些许焦虑与迷茫。

最开始时，我负责教授八年级1班至4班的生物，一周后调整为教八年级4班至7班的地理，一学期后又调整为教历史和道德与法治，走过了一段"弃理从文"的道路。不论教哪一学科，每周认真备课、批改作业的本职工作都有条不紊地进行着，我也从一开始的不知所措到渐渐游刃有余。在这样的过程中，我发现这其实是既熟悉又陌生的工作，当了这么多年的学生，每天听老师在讲台上传授知识，却从未能体会到老师背后的辛苦和付出。

我时常问自己，面对这些缺失家庭教育的学生，我能改变什么。

有一天晚自习最后一节课，我发现教室里少了几个男生，其他同学告诉我他们上节课还在，这节课逃课了。起初我非常生气，冲到学校假山上，把他们抓了回来。作为学生，上课时间坐在教室是最起码的规矩，不守规矩、不懂尊重的行为让人十分恼火。但是通过跟学生交谈我了解到，这些学生都是由于家庭等原因，父母常年不在身边，平时自己住或者跟老人一起住，没有人管教，不懂得遵守规矩、尊重老师。本来我想惩罚他们，但是知道背后的原因之后，更希望他们能够明白做人最基本的道理，于是我放弃了惩罚这几个学生的念头，跟他们讲了自己初中时候的种种经历，希望他们能对自己的行为负责、对自己的人生负责。从这

支教留影2

几个学生的眼神中，我能看到愧疚，看到他们有所思考，此后这几个学生再也没有逃过课。作为支教老师，我更多的是想以自己的亲身经历和曾经与他们相似的想法告诉他们一些道理，让他们能够懂得学习的重要性、对世界充满好奇和渴望。

这种事情在这一年之中时有发生，这些几乎天天见面的学生，很多都有特殊的家庭情况，我在生气的同时，也不由得为他们感到惋惜。我希望能够通过自己的努力改变他们，让他们明白为何学习能够改变命运、为何做人要懂得尊重、为何要为自己的未来负责。作为一名支教老师，能够带给他们的不就是我们年轻的心态、青春的朝气与活力，以及近在咫尺的希望吗？这也是我们能够带给他们的最宝贵的东西。

除了教学工作之外，我们继续开展爱心助学项目，对接爱心企业、爱心人士捐赠课桌、书包、文具等物资，举办留守儿童集体生日会、"爱党爱国在心间"

主题活动，协助煎茶中学团委举办纪念"12·9"运动文艺汇演、纪念"五四"爱国运动暨中国共青团成立100周年文艺汇演、运动会等活动，带队参加德江县第十九届六中全会知识竞答比赛、协助学校完成多个视频制作等。我们还活跃在扶贫、学校工作的各个角落，这些工作也充实了我们这一年的生活。

其实，最称得上朝夕为伴的还是队友们。"回家"比"回宿舍"更有生活的感觉，一年下来，练得几个拿手好菜、多掌握几项生活技能、多"交手"过几种昆虫也是受用一生的财富。

我本不是一个情感丰富的人，但离别时想发个朋友圈纪念一下这一年生活的时，却几度哽咽。按照惯例我是最后一个离开的，收拾好的办公室和家显得那么空，最后一晚飞进来的蝉也不想抓出去了。这可能是为数不多的能让人热泪盈眶的记忆了吧。走之前一两天学生们才知道我要走了，最后一天匆匆合影、匆匆收拾了办公室、匆匆吃了最后一顿饭。但无论如何，我都忘不了学生的笑脸，忘不了在煎茶中学球场打球的时光，忘不了生病时的两碗小米粥，忘不了杨爸的鸡汤，忘不了走之前隔着窗户和十米沥青路的几声"再见"，忘不了这一年所有的人、事、物、情⋯⋯

这一年是最有意义的一年，是收获和成长最多的一年。新时代的青年，在祖国最需要的地方发光发热、奉献青春，正是我们该有的样子。这段动人的时光，值得我一生回望。

支教留影 3

在拉萨的小时光

王雅楠

王雅楠，甘肃兰州人，中国海洋大学第20届研究生支教团西藏服务队成员，2021年8月至2022年7月服务于西藏拉萨市北京实验中学。

2021 年 7 月，我和我的小伙伴们一起来到了拉萨，开启了为期一年的支教时光。在这里，我遇见了最好的学生与最好的同事。如今，路程已经过半，回忆起那些暖暖的小时光，心中总是充满了无限的幸福。

2021 年 8 月 23 日，时隔十年，我再次走进了初一课堂，这一次，不再是学生王雅楠，而是语文王老师。看着学生稚嫩的脸庞，就像看到了当年的自己。开学第一课，我选择了一首诗《在山的那边》，听到他们朗读出这首诗，我瞬间热泪盈眶。一个学生的发言深深地打动了我："这首诗让我明白，只要不怕困难、不断尝试，终会抵达你心中的那片海。"我也在心中告诉自己：这一年，希望我带给学生的不仅仅是知识。

2021 年 9 月 10 日，教师节。学生献给了我洁白的哈达，我更加明白了老师的艰辛与不易、责任与担当。感谢遇见，感谢陪伴。感恩每一位老师，感谢每一个学生。教师节快乐，扎西德勒！

2021 年 9 月 15 日，我讲了课文《秋天的怀念》，母亲去世后，作者身残志坚、重获新生，学生都非常感动。课堂的最后，我送给他们一段话："不能决定生命的长度，但你可以扩展它的宽度；不能改变天生的容貌，但你可以时时展现笑容；不能企望控制他人，但你可以好好把握自己；不能全然预知明天，但你可以充分利用今天；不能要求事事顺利，但你可以做到事事尽心。幸福是要自己去寻找的……哪怕是你现在正在经历着一场大的浩劫，你也应该幸福，因为你可以在浩劫中看到曙光，能从浩劫中学到很多别人可能一辈子都学不到的东西，当你拥有了别人所不曾拥有的东西，那你就是唯一。"很多学生对于初中的学习和生活节奏都还不能很好地适应，还会偷偷哭，但我相信，今天这堂课，会带给他们一些力量。

2021年10月15日，应学生的要求，第一次带他们去电子阅览室上了阅读课。其实对于我来说，更希望他们能够通过纸质书籍的阅读让自己静下心来，但是随着科技的发展和进步，我也深深地明白，电子化阅读势不可挡，我也尽量引导学生去读有意义的书。阅读曾经也给予了我无限的力量与勇气，我希望我的学生也可以通过阅读去看到更大的世界，去寻找自己的热爱，去治愈，去热泪盈眶……

2021年10月21日，晚上下课后，月色真美，突然就想起李白的"今人不见古时月，今月曾经照古人"，也越来越觉得语文真的是好浪漫。重阳节那天，刚好给学生讲了"强欲登高去，无人送酒来。遥怜故园菊，应傍战场开"。10月19号是鲁迅先生逝世85周年，刚好给学生讲了《从百草园到三味书屋》。愿每一个我们都能从自己的生活里寻找美好。

2021年10月22日，看到这样一句话：但凡心情不好的人，来西藏心情都会变好，你知道为什么吗？因为到了西藏你就会缺氧，一缺氧脑子就转得慢。觉得这种说法幽默诙谐的同时，我觉得这也该是一种生活态度。往往想得太多就会不快乐，反而是徒增烦恼。学生总是跟我交流他们的生活，我也向他们学到了很多：其实快乐很简单，简单就很快乐。

2021年10月23日，这个周末，在家寻找到一部宝藏纪录片《西藏时光》，看完之后久久不能平静，有哈哈大笑，也有热泪盈眶，让我想起我带的2班。

这个班的学生都来自农牧区，好几次上课开玩笑似的对我说："老师，如果不是义务教育，我们是不会坐在这里的，我们肯定都在放牛。"他们中间流传着一句话："少壮不努力，长大隔壁（隔壁是拉萨第二职业学院）做兄弟。"2班有一个学生叫索朗扎西，他从小的梦想就是成为一名厨师，所以总是不好好做作业、不背书，理由就是："老师，我要去隔壁！"昨天早上上课，我引导他们：索朗扎西的梦想是成为一名厨师，那么大家想想，他现在学的这些知识，对于他以后实现梦想有用处吗？

大家很快七嘴八舌地讨论起来，最后（目标是索朗扎西成为顶级厨师并且有了自己的饭店）的答案大致如下。

语文和藏文：可以让他认识字、看懂菜单、和客人流畅交流。

数学：可以算账收钱。

英语：可以与世界各国顶级厨师交流切磋。

政治：可以让他树立正确的观念，合法经营。

历史：可以学到传统名菜。他本人的答案是可以学到秦始皇时期流传下来的长寿面做法。

地理：可以判断位置，知道饭店开在哪里最好、最挣钱。

生物：可以选择新鲜、营养、美味的食材。

体育：锅太重了，要锻炼好身体，才能拿得起锅。

音乐：能给客人表演。

美术：能画菜谱，做出色香味俱全的菜。

心理：能让他拥有健康的心理。

最后，我问大家："所以说，现在学习有用吗？"

大家异口同声："每一门知识都是有用的！"

我明白，这些学生中有很多可能上完初中后就不会再接受教育，但是这三年他们学的东西，也会让他们在以后的人生中受益匪浅。

2021年11月5日，盼了好久，学生们终于收到了"云端有信海上来"的第一封海大来信。每一个学生都特别激动，对于他们来说，这是一次独特的体验，全程只能用文字与一个素未谋面的大学生书信沟通，但是我相信他们会收获到手机交流所不能给予的珍贵体验。

2021年11月9日，学生们完成了"云端有信海上来"的第一封回信。虽然很多学生满篇错别字（对不起，是我这个语文老师没教好），但是真的是满满的真诚。2 班班长一直说自己的爱好和理想都是放牛，追求快活，心态超好。但他期中考试考了全班第二名，我还说他"凡尔赛"，结果他是梦想着用大脑里的知识去更好地放牛。有的学生从小家庭经济情况不太好，但是一直不断努力学习；还有学生把中国海洋大学写成了"285""911"……有个女生写的祝福语，更是照亮了我的一整天："满眼星辰，璀璨无边。"

2021 年 12 月 2 日，今天是生气的一天，让我一度怀疑人接受教育的意义是什么。早上在 2 班上课讲新课文，有很多重点字词，我说大家记一下，几个男生脏话脱口而出，后来给我的解释是他们不是针对我，只是随口一说。之前开学不久的时候，有一次下午第一节课我走进教室，黑板上写着半中文半藏文"老师你 ×××"。全班都在笑，我不认识藏文，就问他们，他们说是"老师你辛苦了"，我感觉不太对劲，就拿手机拍下来，之后一个学生一直追着我，让我删了照片。后来问了当地藏族老师，意思是"老师你脑子有问题"，学生给我的解释是从抖音看的，觉得好玩就写下来，不是针对我。后来通过与其他老师的交流，我也慢慢冷静了下来，明白了老师这个职业就是需要很高的包容度。每一个学生的成长经历、家庭环境、教育影响都是不同的，我们要允许少部分群体的存在，但是教育的意义就是影响更多的人。要有更大的胸怀，更发展、包容地看待世间一切。

2021 年 12 月 3 日，今天是我 23 岁生日，收获了满满的感动。22 岁这一年，遇见、获得、离别、成长、释怀、完结，感恩我的家人、我的小伙伴、我的学生，感谢生命让我在西藏感受到岁月静好、人心如玉。我与旧事归于尽，来年依旧迎花开。23 岁，要努力活成自己想要的样子。

2021 年 12 月 23 日，第一学期完美收官。期末考试中，学生们稳定发挥，延续了期中考试的实力，超越两个重点班和其他平行班，两个班分别取得了年级排名第一和第二的成绩。我真是发自内心的高兴，为学生，也为自己。"支教一年，自教一生。"这句话说得真好。

在拉萨的这半年，就像前辈们常说的，是"偷来的时光"，这些一点一滴的小时光，让我得以成为更丰富的自己。还没有离开，就开始想念，希望在接下来的半年里，我可以做更多的事，让自己不要留下遗憾。在奔赴未来的路上，愿你我都有着生生不息的热爱，如星灿烂，如风自由。

— 廿载之约，共赴山海 —

不忘初心，为爱"黔"行

熊雨歌

熊雨歌，江苏连云港人，中国海洋大学第
20 届研究生支教团成员，2021 年 8 月至
2022 年 7 月服务于贵州德江县煎茶中学。

经过飞机与大巴的漫长辗转，我第一次长时间地离开家乡，来到了 1800 公
里外的煎茶镇。向往半年之久的煎茶，用热情打消了我的不安，我很快适应并逐
渐爱上了这里的生活。

在煎茶生活，真的可以把日子过成诗。

这里的空气质量永远在全国前几名，每天早晨醒来打开房门，深呼吸一下后
去上班，都会觉得很满足。煎茶中学背靠凤鸣山，清晨的山峦间常常笼罩着薄雾，
而太阳出来后，夕阳映照时，月儿阴晴间，又是日日不同的好风景。记得初到煎
茶的我们，每次在夜晚抬头，都留恋于绝美的星空。既然很难用相机记录下这美
景，那便深深印在脑海里。

每逢农历初二、初七的煎茶大集，像是小镇的季节提示器。集市上的瓜果蔬
菜根据季节变化而不同。我认识了许多新奇的蔬菜品种，也乐于用并不标准的德
江话砍价买菜。提着最新鲜的蔬菜，回到我们的"山间小别墅"，和队友们一起
开火做饭，品尝美食，工作的压力和疲惫立刻就烟消云散。

香辣椒、让我逐渐爱上的折耳根、杨爸家的酒香、小巷里飘出的菜籽油味、
深夜里烧烤摊的烟火气，是印在我记忆中的煎茶味道。蓝天白云下的红色教学楼、
微雨中朦胧的山峦、国道尽头的夕阳、操场夜空的满天繁星，是我一生难忘的煎

茶风景。

煎茶的生活很慢，这一年的时光，足够我用一生去回味。

2021年8月16日，我第一次站上讲台。但是在成为老师的第一堂课上，我却遇到了很大的挑战。我原以为一开始严厉一些便可以震得住学生，结果发现我轻"敌"了，实践起来我发现管理课堂纪律才是一大难事。初三的学生正值青春期，十分有个性，也很叛逆。在熟悉的校园里学习了两年，这让他们对课堂很难产生兴趣；从初一起就没有养成良好的学习习惯，这让他们很少主动学习，不遵守纪律。于是刚开学时，我的课堂教学开展得并不顺利。

但经过自己的探索和班主任老师的帮助，我也逐渐掌握了"降住"他们的方法。对于枯燥的历史知识，学生很难提起兴趣，但对于学习以外的趣事，他们却很乐意去接受。于是，我的课堂变成了讲故事和谈天说地的过程，把史实串联起来，再把一些生动的解释变为故事和科普，不仅加深了学生对于知识的理解，也在有限的课堂时间里拓展了他们的知识面，学生也更乐于去接受。趣味课堂的效果很快显现出来，在2021年秋季学期期中考试中，两个班级的历史成绩居平行班第一、第二名。

在教学过程中，我也注重改进教学方法，不断学习，提高自己的教学技能。在"双减"背景下，我自编作业题印刷出来，发给学生作为课后训练。根据学生能力的不同，我制定了阶梯作业和阶梯背诵制度，保证每一层次的学生经过努力，成绩都能得到一定提升。九年级面临中考的挑战，因此我常向备课组其他有经验

支教留影 1

的教师学习，也积极参加德江县 2022 年九年级历史学科课堂教研活动和学校的学科教研会。在德江县煎茶中学第二届"课堂大练兵"教师技能大赛中，我获得了初中历史组二等奖。

9月1日，我迎来了初一的学生们，他们活泼又好动，不懂得什么是学习、到底如何学习。拿到道德与法治课本的我，看着书中浅显易懂的道理和行为规范，倍感轻松，但是我还远远没有意识到，它对我的学生来讲简直比"天书"还要难学。一方面，由于小学时期的语文基础不牢，学生的理解和书面表达能力较弱，有的学生甚至识字、正确书写都很困难，他们都不明白道德与法治课本中常见的一些词汇，如"基础""启示""意义"是什么意思；另一方面，由于长期没有养成良好的行为和学习习惯，上课注意力不集中、不按时完成作业、抵触背诵知识等现象层出不穷。这一度让我这个新手老师十分苦恼。

慢慢地，我逐渐摸清了这群学生的脾气和喜好，"对症下药"。对于课本上的知识，我重新规划教学目标，主要目的是让学生形成正确的价值观。我常在课堂上讲，"学过道德与法治后，我们都要做一个阳光、善良、正直、守法的人"，时间久了，学生也都能抢答出来了。以此为目标，针对学生理解能力弱的特点，我在课上用各种生活中常见的例子串起每课的知识点。有时我将班里的学生带入情境作为主人公举例子，引得全班开怀大笑；有时，我将自己的成长经历与知识点结合，激发学生认真学习、探索世界的兴趣。原本枯燥的课堂成为我与学生谈笑风生的时间，我与学生的距离也更近了，他们越来越喜欢听我分享大山外的世界的见闻，我借此督促他们尽快完成课堂任务，留出一点时间来进行交流。课余时间，学生更乐意来和我单独交流，说说悄悄话，谈谈心事，我通常选择以一个朋友的角度去倾听，然后引导他们用正确的方式去独立解决问题。我很欣慰，他们在快速成长，在 2021 年秋季学期期中考试中获得了道德与法治学科平行班第一名，在期末考试中，班里学生更是取得了年级第一名的好成绩。

初到煎茶小镇，说着一口普通话的格格不入的我们，走到哪里都会被立刻识别出身份——"青岛老师"。快递点的大哥一看到来自青岛的大件快递，便知道是新一届的支教老师来了；卖米粉的姐姐说，上一届的老师们下班后经常去她这

支教留影2

光顾；服装店的姐姐回忆说，她自己也曾是被支教老师教过的学生……我想，这便是山海间爱的积累与传承，支教的接力棒一年年薪火相传，令当地人记住的不是支教老师的面孔和口音，而是一届届支教人的默默付出和辛勤耕耘。而此时接过接力棒的自己，该如何为学生们做得更多，为"青岛老师"这张名片增光添彩呢？

遇见这批初三学生，我有时觉得很苦恼，但更多的是感到幸运。他们是被支教老师教过三年的孩子，他们的身上有很多"海大印记"。当我在开学第一课上放出中国海洋大学的图片、讲述大学故事时，他们都非常熟悉，甚至还能抢答。我很欣慰，支教前辈们在他们心中埋下的小小种子，随着学生的成长，也在悄悄发芽。在中考前的最后一课上，我对他们说："我不要求大家都考上高中、大学，而是希望大家能在我一年的言传身教中懂得努力的意义。"相信在一届又一届支教老师的教诲下，会有越来越多的学生懂得，读书可以改变命运，努力可以走向更广阔的世界。

学生们知道，支教老师都很可亲，所以很多人和我都是"自来熟"，没有什么距离感。但有时候，他们知道我不比其他老师严厉，也会小小地"欺负"我一下，引起我的注意。记得10月25日中国海洋大学校庆日当天，我在课上给学生放了《爱如海大》的MV，歌至高潮处，我发现许多人已不自觉跟着唱了起来，我很惊喜，便鼓励他们一起唱。于是，整个走廊都回荡着"这份爱如海大……"的歌声，我感到既骄傲又感动。

有学生在给我的信中写道:"如果有一天,我能看到大海,那我也一定会记得将大海带给我爱的人。"爱如海大,大爱如海,希望这份爱永续传递,点亮更多心灵。

15 岁的少年,个性张扬,却又各有不同。他们大多是在爷爷奶奶看护下长大的孩子,心思敏感细腻,也不太善于表达,我能做的,便是给予他们更多的爱和希望,小心守护着他们的心灵。

我明白,他们很害怕老师不重视自己,所以,我在开学一周内很快记住了所有学生的名字;我理解,他们很讨厌老师"偏心",于是,我的奖励和惩罚向来都是一视同仁;我也明白,他们不喜欢老师高高在上,因此,每次面对学生分享的零食,我都不客气地抓一把,再掏出糖果"回礼"。

班里的小 F 同学特别喜欢历史,知识储备也非常丰富,在我讲课时能积极回答出我的问题,很乐意展现自己。于是,一次试卷讲评课前,我将他叫到办公室,帮他分析了自己的问题,同时试探着鼓励他上讲台给班里同学讲解这份试卷,他非常欢喜地答应了。上课时,他站在讲台上,与同学们分享每道题的思路,丝毫没有怯场,竟真有"小老师"的风范!班里同学也感到很新奇,纷纷仔细听着"新老师"的讲解,注意力都非常集中。通过这次成功的实践,我也有了让学生上讲台分享的信心。

小 C 同学平时在班里沉默寡言,各科成绩也较为普通,但唯独历史成绩突出。通过谈心,我了解到他很喜欢历史,平日也经常看相关课外书,但因为初三才被分到这个班,有些融入不进班级,感到没有信心。我鼓励他积极展现自己的长处,得知他对战争相关知识感兴趣,我便在讲第一次世界大战时,在课堂最后给他留了一定时间为同学们梳理战争的过程。通过这次分享,同学们更加了解小 C 了,平日也喜欢去找他请教历史问题。小 C 同学看到自己的能力得到了大家的认可,增强了自信心,也更加努力学习,各科成绩都有了很大提升。

翻看学生们毕业时写给我的信,我发现了很多惊喜。小 D 的历史向来是他的"短板",我屡屡找他谈心,他却仍然对学习历史很抗拒,但他的信里写道:"从您开始给我们上第一节历史课,我就感觉您的讲课方式很特别,给我留下很好的

印象。"还有许多学生写道："很幸运多了您这样一个'大朋友'。""您既是传授知识的老师，也是可以坦露真心、诉说烦恼的知己。""对我来说，您亦师亦友，也是我人生中的重要'按钮'……"许多以前犯过错误、惹我生气的学生都写下了真诚道歉的话语。我知道，他们只是不善于表达，我也很欣慰，他们在我一年的教导中不断成长。

你的微笑，是这里的蓝天白云；你的情绪，是夜空中闪烁的星星；在诗画煎茶，你是万物哲理，而我守护着你。

如果你愿意，听我说一说绿春的故事吧

张卓

张卓，山东济南人，中国海洋大学第 20 届研究生支教团云南服务队队长，2021 年 8 月至 2022 年 7 月服务于云南省红河州绿春一中。

绿春 7 月的风，每一缕都是不舍和眷恋。我跟队友说，我好像又毕了一次业。

我的课代表对我说："老师，你看楼下。"漆黑的绿春夜幕下，有闪烁的亮光在晃动，小小的男孩晃动着他的闪光灯。他的名字里有一个亮字，那一刻我也感觉整个绿春都被他照亮。

临行前一晚，十几个学生跑到宿舍楼下，与我道别，握着我的手，跟我说："老师，记得要回来。"他们与我约定会好好学习，去青岛见我。

最后一个早读课上完，我与他们拥抱，当我最后一次回望绿春一中，学生们趴在阳台上与我挥手，站在楼下与我挥手。我强忍眼泪转身离开，他们又跑到学校侧门栅栏那里，远远地望着我。他们什么都没有说，就这样远远地望着我。

回山东的路上，一个跟我吵过架的学生拍了月亮的照片，跟我说："这两天月亮都很圆，可能是你们要走了，在代表绿春欢送你们吧。老师，记得回来。"圆圆的月亮照着我们每一个人，我们要在同一片清辉下好好成长啊。

从初见的陌生到离别时的难分难舍，我刚见到这群绿春娃儿的情景还历历在目。刚到绿春，我发现这里的学生桀骜不驯，似乎每个都是问题少年，他们抽烟打架，上课睡觉，对老师有一种天然的排斥。还记得第一节课，就因为打了下课铃我没有马上下课，一个学生直接站起来跟我说："老师你要是拖堂我们就不喜欢你了！"带着满满的挑衅与不屑。当时我也很头痛，这样的学生，我要怎么教好他们！

在我们的宿舍门口，有这样一句话"教育的真谛是真爱"。一个新手老师跌跌撞撞，捧着一颗真心希望走近他们，尝试去了解他们，便越发了解他们的淳朴与善良。

他们会好奇地问我外面的世界是什么样的，他们也会扭扭捏捏过来道歉。假期的他们最辛苦，在田里、在店里干活儿，他们会生火会做饭，会做农活儿，也会照顾比他们更小的小孩。他们在小小年纪就撑起了一个家。他们教会了我坚韧和奋斗，他们有像草一样顽强的生命力，也会让我时时反思：是否珍惜过曾拥有的一切，是否承担起足够的家庭与社会责任。

就像我在最后一节课上说的那样："你们在仰望我的时候，我也在仰望你们。无论读书好坏，老师都希望你们做一个正直、善良、上进的孩子。"

哈尼族历史上也是从很远的地方迁徙到绿春的，有着动人的民族史诗。希望我的学生们也能像勇敢的先民那样去追求远方，走出大山，探索更大的世界。

离别的岂止是学生，还有我在绿春的家人们。中国海洋大学的五人组与重庆大学的六人组也组成了一个小家庭。一年来的相伴，我们有过无数喜悦与激动的时刻，我们一起开会备课，一起等待零点的烟花，一起天台烧烤，一起爬雪山、游丽江，一起打桌游，绿春的无数个角落都有我们欢乐的身影。当然我们也会有争吵，但是无数个脸红脖子粗的瞬间只会让我们的情感更加深厚。重庆与青岛的约定说了无数遍，这也是独属于我们的山海情。

我无数次感恩这一年的时光，让我走进这个边陲小城，看到边疆人民的生活和奋斗，看到基层干部的坚持与付出。"支教一年，自教一生"，也感谢一年前的我做出了支教这个决定。

亲爱的绿春，亲爱的学生，亲爱的家人们，再见了！

再见，再见，我们一定会再见。

支教日记

姜明择

姜明择，山东济南人，中国海洋大学第20届研究生支教团成员，2021年8月至2022年7月服务于贵州省遵义市播州区乌江中学。

我见到小T的第一眼就在想：学生之间体格的差距好大，有的已经接近大人，有的还像小学生一样瘦弱。

她真的很瘦小，就是小学低年级学生的样子，两颗门牙总像小兔子一样收不住。因为她在我教英语的班，所以我对她比较了解，知道她确实是跟年龄不相称的"小"，从言谈举止到性格脾气都是。

但是刚开始上课，我就被小小的她"震"住了：她的英语基础真的很好，态度也很积极，有时候我的问题还没说完，她的小手就迫不及待地举起来了，稚嫩而嘹亮的声音就开始喊出答案，简直是"人形小喇叭"。

刚开始面对这样的学生，我还是比较高兴的，觉得这样课堂气氛活跃，有利于提高学生的学习积极性。但后来我发现事情有些不对劲了：有时其他同学还在思考我的提问，就被她的抢答打断了，而且由于我最开始的"纵容"，她开始变得越来越自信以至于有点"过于自信"了。

比如，有时候其他同学被我点名回答问题，但一时没有思考出答案，我刚想引导这位同学思索，她就先把答案喊了出来；有时候我正在讲解比较复杂的知识点，其他同学认真听的时候她会突然打断，提出质疑。如果你选择暂时忽略她，她就会重复问到你无法忽略。有问题意识当然是好事，可总这么打断课堂进程，

对其他同学的听课效果和我的讲课思路都会有影响。

于是我开始在课堂上重新强调相关纪律，但对她好像没什么作用，她依然我行我素。终于，在我又一次被打断之后，我对她严肃地说："我还没说完你插什么嘴！"

她当时愣了一下，然后对其他同学尴尬地笑了笑，就把头低下去了，那节课上再也没抬起来。

我后悔了。因为刚才的处理方式显然太粗暴、太冲动了。尽管我在心里无数次给自己规范过教师行为，实际还是会有不合格的时候，比如这次。

更糟的是，这次好像真的伤害到她了。因为那是上午最后一节课，正常情况下她应该在下课后以百米冲刺的速度奔向食堂。但那天她没有，她只是低头坐着，无视急着拉她出门的朋友，然后在教室里只剩下我们俩的时候，低头默默地哭了。

我走到她旁边蹲下，先尝试用面巾纸给她擦擦眼泪，她不让我擦；然后我试图跟她讲道理，她哭得更厉害了。

我只好承认自己刚才有些冲动，但我又怕她觉得这件事自己没做错什么，所以最后还得缀上几句"如果我总是打断你说话，你是不是也觉得不好"之类的话。不知道她有没有听进去，但最后她还是赶在午饭时间结束前跑去食堂了。

整个下午，一想到这件事我就有点不安，毕竟在学生发展的这个阶段，老师的一言一行都有可能产生深远的影响。

那天晚上我还要看他们班的晚自习。期间我一直注意观察小 T，担心上午的事还在影响她的状态，没想到她主动过来找我了。在问了几道题之后，她悄悄用贵州话说："老师，我以后上课都先举手再说话好不好？"然后不知道为什么又补上了一句："其实我觉得你知识很渊博。"我赶紧趁机和她达成一致并和解。

　　我小时候其实也像小 T 一样渴望他人的关注，好像因为上课捣乱被老师批评过，但却不能像小 T 一样承认错误。也许她通过这件事成长了一点，而我又何尝不是呢？

　　现在我明白了，也许支教就是这样的一段旅程：出发前你试图拼命做好一切准备，但等真正踏上旅途，你才会发现还会有许多想不到的状况，还会做一些不该做的错事，毕竟我们还很年轻。但也好在我们还很年轻，才能在这趟旅途上和我们遇到的所有人一起成长。

　　来日方长，前路可期。

支教留影 2

我与他们 —— 师生情

平凡的工作，不平凡的成就
——我会永远记得这段时光

吴文青

吴文青，重庆云阳人，中国海洋大学第20届研究生支教团成员，2021年8月至2022年7月服务于贵州省遵义市播州区乌江中学。

支教留影 1

在这里生活了半年，感觉这座小镇已经变成了我的第二故乡。这里不仅有亲切的贵州话，有红彤彤的辣椒，还有那些可爱的学生。比起这半年来的付出，其实我的收获更多。我教给学生知识，学生也在用他们自己的方式回馈我。比如，我养成了随身带一些糖果的小习惯，因为每一次课后我都会收到来自学生的糖果和小纸条，上面会写"老师，我很喜欢你的课""老师，上课不要经常生气，对身体不好"，每次得到他们的糖果和鼓励，我都觉得教师原来是这样幸福又伟大的职业，一天的疲惫一扫而光。后来我也会随身带着糖果分享给可爱的他们。他们会在路上主动鞠躬向老师问好，在节日送上小卡片和祝福……山里的孩子每天看着蓝天白云和青翠的大山，眼睛都如泉水般清澈明朗。

8月30号，我上了七年级2班的第一节英语课，在开学第一课上我观察到了两个不太一样的学生。第一个学生好像有多动症，他上课一直动来动去，还在看历史课本，趁着课堂讨论的时机我问他为什么不拿出英语书，他说他没有英语课本。课后，我把自己的英语书给了他。本觉得这只是件小事，但是当天我在另外一个班晚自习下课的时候，发现他在门口等我，眼神里充满了期待。我和他简单地聊了聊，问他是不是我讲得太快，他听不懂。和他闲聊的过程中，我才知道他有智力缺陷，班主任让他上课坐着就行。所以我和他约定，从26个字母开始学起。

另外一个学生很敏感，我观察到他不愿意参加游戏，也不愿意参加课堂讨论，我问他为什么，他也不愿意和我沟通。后来坐在他后面的同学告诉我，他看不清黑板。我向他表达了歉意，并且表示以后会把字写大一点。他还是不太高兴，我又鼓励他当小组长，他也拒绝了。第二天上课，我发现他又没有参与讨论。我询问他原因，原来是他英语基础不太好，还不会读，于是我一字一句教他读，还鼓励他说他的口语很标准。下课以后，他悄悄来找我说："老师，我希望以后每天都可以上你的课。"听到这句话，我觉得自己一切的付出都是值得的。原来当老师是这么"辛苦"，原来当老师是这么快乐。

期中之后，就快要到中国海洋大学支教团成立20周年了，学校选定了乌江中学作为微电影拍摄地之一。晓鹏老师作为《山海》主题曲创作者，提议给学生上一节音乐课，把学生的歌声也加入歌曲《山海》中。在上这堂音乐课之前，我其实已经听过几次《山海》这首歌曲，当时只是觉得旋律好听，并没有留下特别深刻的印象。上课时，晓鹏老师在黑板上板书了几句歌词："飞越过山岗，风吹她脸庞，在山的那边有海的波浪。飞跃过时光，有一年最难忘，那一年她的种子破土而出，正在生长。"晓鹏老师一句句地教唱，我坐在教室最后面，和学生一句句地一起学，看着他们稚嫩的脸庞，听着他们清澈干净的声音，不觉眼眶湿润。这几句歌词不但写进了学生的心坎里，更写出了我的心声。他们就好像我跨越几

支教留影 2

千公里来到贵州这座大山里播种下的一粒粒生机勃勃的种子，慢慢地生根发芽。我无比希望他们每个人都会有破土而出的那天，能够有一双翅膀飞越这连绵不绝的山岗，到山的那边去看看。因为山的那边是海，是诗和远方。

最好的我们

吴文青

吴文青，重庆云阳人，中国海洋大学第 20 届研究生支教团成员，2021 年 8 月至 2022 年 7 月服务于贵州省遵义市播州区乌江中学。

七年级 1 班的同学们：

你们好！

见字如晤。当你们看到这封信时，我已经踏上了回家的路，也许我们还有再见的机会，也许没有。

这一年，很感谢遇到了如此可爱的你们。你们是我教的第一届学生，也许也是我这一生中教的唯一一届学生。平时我对你们的要求可能很严格，经常以"不背单词就如何如何"来威胁你们。那是因为我对你们抱有较高的期望，我希望你们每个人都可以有一个光明的未来。我不愿意看到你们中有人长大以后，因为没有文化而为生计奔波。所以我总是给你们提要求，希望你们能够谅解。

我离开以后，希望你们能够坚持记背英语，即使你们的新老师没有要求你们单词句子过关，你们也要自觉地学习。因为学习是自己的事情，不是老师的事情。一份更高的学历，是你走向更大世界的敲门砖。而我相信你们能够凭借自己的努力走出这片连绵的大山，寻找属于你们的世界。

最后祝你们快乐成长，学有所成！

支教时光已经结束，回家途中又不自觉地想听《山海》。看着窗外熟悉的小镇，歌词正好唱到"不觉他乡已成了我家乡"，心中突然泛起阵阵不舍。在这一年的支教时光中，我更加明白青少年是祖国的未来，教育也是祖国的未来，而我同时肩负起这两份责任。"心有所信，方能行远"，我将继续用真心真情，续写山海情深，用一年不长的时间，做一件终生难忘的事，以此敬未来的自己。愿不负今日种种，永记无愧于心。

支教留影

甘载之约，共赴山海

一篇支教手记

徐子林

徐子林，山东烟台人，中国海洋大学第 20 届研究生支教团成员，2021 年 8 月至 2022 年 7 月服务于贵州省遵义市播州区乌江中学。

"知道最近你们学习压力大，很多同学道德与法治题背得不好，我想你们应该不是讨厌我，而是讨厌道德与法治这个学科吧？"

那天晚自习，我像往常一样"软磨硬泡"，试图晓之以理、动之以情，劝学生多关注一下我这门"卑微又枯燥"的副科。

"不，老师，我喜欢道德与法治，但我讨厌你！"

一声清脆的声音，不合时宜又见缝插针地出现在了我说话换气的空隙，让我把含在嘴里的一口"鸡汤"硬咽了回去。

全班哄笑，刚刚铺垫起的氛围瞬间烟消云散。

说话的是一个女孩，还是我的道德与法治课代表。随着自信心的轻微破裂，一个问题占据着我的大脑：她为什么会当众这么说？

等到笑声平息，我问她："你刚才说的是真心话吗？"肉眼可见地，她的表情从洋洋得意变得有些尴尬，随后，她有点无助地摇了摇头。

"如果这是你的真心话，那你直率地表达出来就算了。可如果你心里不是这么想的，在我说正事的时候你突然这么说，除了让我难堪之外，又能收获什么呢？"

女孩低头不语，随后的一整节课都一改往日课上的欢脱。下课后我回到办公室，久久不能平复，倒不是因为自己有什么玻璃心，而是一直在思考，这个学生为什么会这样表达？她是出于一种怎样的想法？

这件事勾起了我的一些联想。一次与学生闲聊时，他们说到了将来一年支教结束时我们会离开的事情，言及于此，我难免有些伤感。可正在这时，一个学生突然跳出来对我说："老师，你放心，你走的时候我不会去送你的！"还有一次，正在学校操场散步，一个学生突然走向我并评价起了我的长相，点名批评了我的眼角纹和黑眼圈。

面对这些情况的时候，我多半是一笑了之，有时我甚至会为类似的事情找到值得开心的地方——他们敢于直接地"冒犯"我，说些难听的话，或许恰恰说明了在他们心中我的形象是亲切的。

可在那天晚自习过后，我又思考了一些东西：首先，我能确定他们大多数时候没有尺度地"冒犯"并不是真心话，相处许久，要说我的课代表不喜欢我，我是不信的；其次，在他们"挑衅"时，我的确不在意，可如果他们从我的态度中得出了"这样做没什么不好"的结论，转而对其他人也这样做呢？未来他们有可能对他人造成的伤害，以及相应地自己要承受的后果，又是否会与我此时的处理有关？

这些孩子之所以会言不由心，故意说一些难听的话，我想许多时候是他们表现自我存在的需要。一方面，他们年纪不大就住校，每天早起晚归，环境相对封闭，学习压力大；另一方面，在枯燥的学习生活中，快速成长的他们需要许多刺激来自我感知、理解世界，通过一些小小的逆反，他们获得了来自我与其他学生的更多关注，这种独一无二的存在感可以成

支教留影 1

为他们感受自我的凭借，帮助他们获得迎接新生活的些许力量。

　　事实上，在引导学生方面，我一直十分谨慎。除了原则性的核心价值观外，只是比他们年长十几岁的我，又怎么能证明我比他们做得更正确？因此，我总倾向于鼓励他们保留对不同事物的合理观念，担心由于我的原因阻碍了他们思维的葱茏生长，稍有言语不当，就会给自己一种"抓思想上的壮丁"的顿挫感。我不希望妨碍学生追寻刺激、理解自我，可是，在这件事上，我发现这几个学生缺乏的是尊重意识，是与人共情的能力。而这些在我看来是他们的确需要学会的东西，也是我作为一个支教老师应该教给他们的东西。

　　之后我的处理方法也没有高明到哪里去。闲暇时，我与这些学生单独聊天，没有好为人师的高谈阔论，没有自以为是，只是把我的感觉告诉他们，并试图让他们了解，学习成绩本身就是自我证明的很好的方法；当有学生过来调侃我哪里长得不好看时，我会告诉他们我觉得他们很可爱；课上与课下，我努力寻找这些学生的闪光点，当众表扬他们、鼓励他们，让他们能够意识到，他们的价值是可以被看到的，他们的存在是值得被称赞的。这些做法的效果如何，我给不出结论，但我能看到的是，每次当我走进课堂时，他们的脸上没有太多疲惫，反而有着不少的期待。在课下，他们也越来越多地来找我问问题，而我的耳边，叛逆伤人的话也越来越少。

支教留影 2

对了，前文说到的那天晚上，在我即将带着重重的思虑回教师宿舍的时候，课上插话的那位女生堵住了我，把一张小纸条塞到我手里后就飞快地跑开了，纸条上写着下面这段话，如下图。

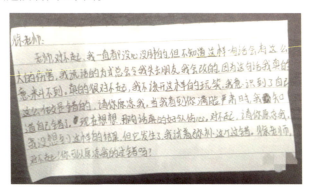

元旦前夕，另一个学生在我的办公室里放了一个手提袋，各种各样的零食里夹了一张贺卡，文字如下图。

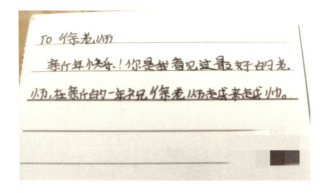

怎么说呢，能遇到他们，真的很幸运。

感谢相遇，再见

张梦瑶

张梦瑶，山东泰安人，中国海洋大学第 20 届研究生支教团成员，2021 年 8 月至 2022 年 7 月服务于贵州省遵义市播州区乌江中学。

看着收拾干净的宿舍，恍惚间，像是回到了 2021 年我们刚来的时候。那时的我们，带着满满的期待和大包小包的行李，从区团委来到乌江中学。那天的天气也像今天这样，阴天，还下着丝丝细雨。但转眼已经过去了一年。一年前，我们带着满满的期待走进了这片多彩的贵州大地。现在，这"偷"来的一年时间已经过去，我们也到了说"再见"的时候。

用一年不长的时间，做一件终生难忘的事。一年，感谢相遇。

还记得支教队员们第一次见面，大家互相不熟悉，只是简单地寒暄。而现在，我们互相关心、互相照顾、互相鼓励，早已成为一家人。工作中，遇到调皮捣蛋的学生，我们一起想办法；有了新的任务，我们每个人都积极地参与、共同分担；在教学上，我们也时常交流、共同进步。生活中，大家一起准备生日惊喜，一起唱着歌等待新年的到来，一起包饺子、学做饭……不管什么时候，我们都能默契配合，出色地完成任务。不管遇到任何的困难，只要我们一起，都可以顺利解决。很幸运，在这一年遇到我的四位小伙伴们；很开心，我们成为了一家人。

雨后跨越山间的彩虹桥、清晨的朝霞和水汽氤氲的江面，这便是乌江中学带给我们的最直观的美。

根据学校的安排，我负责教七年级两个班的历史以及八年级一个班的物理。

在刚开学的那段时间里，我就跟学生立好了"规矩"，也给他们提出了非常严格的要求。在期中考试时，我们班的一个小男生考出了全年级历史最高分，这让我惊喜不已，为这个学生感到高兴。但就在这时，我的课代表在一个课间悄悄来找我说："老师，我不想当课代表了。"我愣住了，感到非常疑惑不解，问他原因，他也不说。后来我才了解到，他觉得自己历史学得不够好，不能再继续胜任课代表了。于是我开始反思，我是不是对他们要求太严格了，是否对他们太严厉了，于是我开始慢慢调整着自己的状态。在不断地摸索和磨合中，我与学生的相处也变得越来越融洽。在课堂上，我是一本正经、满脸严肃、不苟言笑的老师；在课下，我又变成了一个嘻嘻哈哈、温柔可爱、平易近人的大姐姐。学生非常愿意与我交流，讨论学习上遇到的问题，分享成长过程中的喜怒哀乐。这里的老师对我们也是格外照顾，会不时与我们进行交流，询问我们在教学上的问题、在生活上的困难。每次跟他们请教，他们都会非常耐心地分享教学经验，并帮助我们分析问题，给我们支招。在这里，我们遇见美，感受美，传递美。

曾经的我带着满腔热血，想着初中知识没什么难度，我一定能把学生教好。但是当我看到满分 100 分的试卷，平均分只有 27 分的时候，我愣住了，甚至有点怀疑我自己，是不是我讲的他们听不懂。但是后来我慢慢发现，因为他们的基础比较弱，所以很多知识要一遍遍不断地重复，要拿出更多的耐心。我也把注意力更多地放在每一个学生的进步上。除了教会他们这些知识，更要教给他们学习的方法，让他们能够自主学习。教书育人本身就是一个逐渐深入的过程，而不是简简单单的结果导向。在学生身上，我也学到了许多东西，他们乐观、坚强的品质在艰苦的环境里依旧闪闪发光。在这里，我学会了慢下来，静静地专注于努力的过程，相信时间会给我们一个最好的答案。

2022 年 6 月 16 日是乌江中学举行毕业晚会的日子。当《山海》的前奏响起，当我面对台下这些熟悉的面孔时，一种难舍的情绪突然涌上心头。"不觉他乡已成了我家乡"，是啊，一年的时间，乌江中学早已成了我们的家，贵州也已经成为我们的另一个家乡。那栋小房子里，记录了我们这一年支教生活的点点滴滴。还记得最后一节课跟学生聊天的时候，平时异常活跃的他们却变得有些沉默。过了一会儿，班里一个男生站起来问我："老师，你真的要走了吗？你舍得走吗？""我是真的要走了，但我也是真的舍不得啊。""支教一年，自教一生"，这一年将在我以后的人生旅途中，永远闪亮。一年，感谢相遇，再见！

支教日记

张梦瑶

张梦瑶，山东泰安人，中国海洋大学第 20 届研究生支教团成员，2021 年 8 月至 2022 年 7 月服务于贵州省遵义市播州区乌江中学。

甘载之约，共赴山海

　　支教生涯已经进行了半程，但至今还记得获得支教资格时的喜悦，还记得出发前的忐忑，还记得第一次备课时的紧张，还记得第一次踏上三尺讲台时的小心翼翼……

　　支教生涯已然是我一段不可忘却的经历。在这段时间中，我的身份由学生转变成了我最敬重的老师。不管是过去、现在还是将来，我都会铭记这段作为一名人民教师的光辉岁月。这一年中，我体会到了春风化雨的润物无声，体会到了玉壶冰心的人师世范。三尺讲台，三寸粉笔，暑往寒来，教师们洒下心血点点。在支教生涯中，我也体会到了作为一名老师的喜怒哀乐。

　　可能每一位老师都有两副面孔，一副用在课上，一副用在课下。就拿我自己来说，在课堂上，我是一本正经、满脸严肃、不苟言笑的老师；在课下，我又变成了一个嘻嘻哈哈、温柔可爱、平易近人的大姐姐。

　　十三四岁青春期的学生，心比天高却都眼高手低，他们总喜欢展示特立独行的自我，如果上课不保持一副严肃的面孔，可能就会被学生"欺负"，影响课堂质量，最终影响他们的学习成绩。

　　在课堂上，我严格要求自己，始终以一丝不苟的工作态度，切实抓好教学工作中的各个环节。上好一堂课，我认为一是备，二是辅，三是考。备——备教材、备学生、备重点、备难点、备课堂教学中的各种突发因素；辅——辅优生、辅差生、重点辅"边缘"学生；考——考题灵活、开发思维、迅速反馈、及时补漏。教学过程中，尽量能根据学生的具体情况，及时调整教学计划和状态，改进教学方法，自始至终以培养学生的思维能力，提高学生分析、解决问题的能力为宗旨，根据学生的个性差异，因材施教，使学生的个性、特长顺利发展，认识水平得到明显提高。

老师与学生处于平等的地位，对他们固然需要严格要求，但他们也需要理解、支持和鼓励。要以积极正确的方法对他们做出引导。在课下，我和我的学生打成一片，鼓励他们多与老师交流，办公室不只是老师备课、批改作业的地方，更是师生深入交流的场所。不管是学习上还是生活上的问题，都可以找我这个亦师亦友的大姐姐沟通。课上努力学习，课下和睦相处，一幅多么和谐美好的画面。

我与我的学生相处得很愉快、很和谐、很幸福。没有面红耳赤的训斥，没有迫于生计的工作压力，有的只是传道、授业、解惑和青春、理想、拼搏。值得一提的是我的课代表，一开始她是个内向又有些胆小的女生。在给我当课代表的日子里，看着她一点点进步，我由衷地感到高兴。她的成绩一点点稳步提升，她也从一开始的内向，到一步步到办公室找我请教问题，再到后来自己主动求知。最让我感动的一点是在去年期中考试即将到来之际，我突然感冒了，嗓子说不出话来，她主动承担责任，带着同学们积极复习，真正地起到了连接学生与老师的枢纽作用，着实让我从心底感动。碰到这样的学生，身为老师的我怎能不努力！

我与我的学生之间还有生活中点点滴滴的不舍和感动。教师节，推开办公室门，先映入眼帘的就是一张张贺卡，满载着学生对老师的祝福与尊重；中秋节，学生也没忘记我这位"独在异乡为异客"的老师，一块月饼比天空皓月还圆，心安处，是吾乡，是我的学生让我感受到佳节尚有家人在的温暖；在我生病不舒服的时候，他们又是格外懂事，斗志昂扬地投入学习，十分体谅我……

我尽我所能给学生传递积极向上的能量，努力为他们打开一扇窗，外面的世界，真的很精彩，愿我在的这一年可以给他们一些启示，不要因闭塞的信息与环境阻挡了自己前进的步伐。

我期待并会珍惜和我学生相处的最后一学期。

支教留影

天地有盛意，山海总相逢

张雯雯

张雯雯，甘肃镇原人，中国海洋大学第 20 届研究生支教团成员，2021 年 8 月至 2022 年 7 月服务于西藏自治区拉萨市拉萨北京实验中学。

屋外雨滴淅淅沥沥，记忆瞬间被拉回初来拉萨的某个雨夜。回望在拉萨的 300 多个日夜，所有的回忆涌进脑海，才发觉时间过得如此之快。这一年对我的人生来说，是一段被风雨雕琢和被岁月打磨的时光，是我负笈游学五年来十分重要的章节，值得我用一生来珍藏、回味。现在我用最笨拙、真诚的语言做一次小结，谨以此文来纪念我这段热烈又闪闪发光的青春。

坐上一列西行的火车，穿过可可西里无人区，翻过美丽的唐古拉山，我终于来到了日光城——拉萨。一路风景如画，雪山绵延、牛羊成群、天空湛蓝、云朵低垂，一切显得那么闲适又充满生机。

我作为人民教师正式上岗是在一个天高云淡的午后。虽然在这之前已经做了无数次的准备，但当我真正站上这不高的讲台，面对陌生的学生时，我还是清晰地听到了自己的心跳声，前一天晚上熬夜准备的自我介绍和课堂内容也有些磕磕绊绊，但只能强装镇定。在第一堂课上，我便深刻体会到了一名新老师的窘迫和紧张，在慌乱中随机应变，在仓皇中沉着冷静，伴随着透进教室的阳光，这便是我与学生们的初见。

我承担的是初二两个班级的生物教学工作，在前一个多月的时间里，我一直努力地备好每一节课。虽然跌跌撞撞、磕磕绊绊，但自我感觉教学工作似乎是进

支教留影

入了正轨。然而，在期中考试成绩出来之后，我的满腔热血被现实残酷地击碎，我所教的两个班级成绩竟然排名末位，我的心理防线也在那一瞬间崩塌了。可是怎么办呢，现实从来不给你缓冲的时间，明天还有一堆的工作要完成。于是我硬着头皮，把一切推翻重来。人生的经验，或许都是在撞南墙又回头的路上慢慢攒下的吧。

　　我发现，这里的学生学习方法单一，用我之前的那一套教学方法完全行不通。于是，我重新摆正心态，调整教学方法，针对学生错别字较多的情况，每节课前采用听写的方式复习基础知识。课堂内容也不再是死板的知识传授，而是穿插一些趣味小故事，吸引学生注意力，增强记忆点。除了课堂教学之外，我每天利用空闲时间给基础较为薄弱的学生补课。同时，我还定期询问学生对课堂的意见，并及时做出反馈和改进。任何层面上的探索都是难能可贵的，并且取得了积极的效果。慢慢地，我和学生形成了属于我们的默契，学会了用他们最能接受的方式传授知识。我与他们之间的关系也不再是简单的师生关系，而是互相成就，共同成长，班级的成绩也在级部各班中位居前列。我终于开始觉得自己是个老师了。

这一年中最忙碌的时光大概就是 2022 年 6 月生物实验学业考试前模拟实验的那十几天，几乎每天都在实验室里度过，从前期器材准备到实验分组模拟，虽然很累但充实快乐。看着学生从开始面对实验器材的不知所措到后来的得心应手，我的心中满满都是成就感。所幸，那段时间的一切努力都没有白费，在最终满分 30 分的实验学业考试中，我所教的两个班分别取得了 29.7 和 29.5 的平均分。我很庆幸，学生一直相信我并一起努力，从未放弃。

比起"同事"或"同学"，我更愿意将研究生支教团的队友称为"战友"。这一年的时间里，无论是在工作上还是生活中，我们都是最亲密的人。从城市到高原，从寝室到教室，从课桌到餐桌，回忆中的每个场景里都是大家在一起充满笑与泪的画面。初入学校迷茫、困惑时，彼此出谋划策、摸索前行；历经困难沮丧、消沉时，彼此安慰鼓励，渡过难关。难忘的是过生日时的惊喜，是深夜晚自习下课时互相等待的背影，是黑暗中为我亮起的闪光灯，是小厨房中一顿顿美味的餐食……

也感谢这一年里所有给予我帮助、支持和鼓励的老师。他们细致入微的教导让我逐渐成长，他们耐心体贴的提醒让我避免了诸多失误。同样也感谢每次进出校园热情招呼我们的保安大叔。回顾一路走来的足迹，我见证了朝夕相处、并肩作战是如何悄然无声地改变了原本陌生的一群人。

夏天从 6 月的某一天爬上后颈，午后毒辣的阳光炙烤着校园的水泥地，离开的日子也一天天临近。实验模拟的那一周，不停有学生来问我："老师，实验学考结束您还会来给我们上课吗？""老师，您是不是快离开了呀？""老师，明年可以来教我们化学吗？"面对这些问题，我只能一遍遍宽慰自己，天下宴席终有散场。

在欢送会上，几个学生拉着我的手说："老师，我一定会去青岛找您，我一定会考上中国海洋大学。"这一刻我隐隐感受到，梦想的种子或许正在落地发芽；这一刻我似乎也顿悟了千里迢迢来到这里的全部意义……

行文至此，夜已静寂，窗外的雨还在下，远山朦胧，但初心未变。我与学生的故事像纳金桥下的河水，依旧向前方流淌着。支教这一年是我人生中浓墨重彩的一笔，学生望向我的眼神、队友们无微不至的关怀、雪域高原的新奇体验、教学工作的辛苦与欢笑，太多的宝贵回忆都被装进我的人生行囊。

这段故事开始在上一个夏天，落幕在这个夏天，我希望的美好结局是学生能继续不畏风雨、肆意生长。满载而归的我们，也仍在各自的人生中继续发光。

支教，至此告别。

此去山高路远，愿君无忧且无惧，别后长相忆。

借来片纸慰离情，且以这无声的文字，作为别离的笙箫吧！

甘载之约，共赴山海